农业与农村经济管理丛书

农产品市场营销

主 编

赵宪军 周 剑

副主编

吴爱丽 孙成翠 江书平 李学强

编著者

赵宪军 周 剑 吴爱丽 孙成翠

李学强 江书平 周 曼 武晓东

徐 阳 陈彦龙 陈玉明 李建宏

金盾出版社

内 容 提 要

本书从农产品市场和农产品市场营销的简单介绍入手，分析了农产品消费者特征、农产品市场营销战略、农产品营销策略及其实施，并针对当前农产品营销的变化趋势，介绍了农产品标准和分级。同时，结合近10年的统计数据，分门别类地介绍了谷物、棉花、畜产品、乳品、园艺产品和烟草等的市场情况，并提出了针对性的营销策略。编写力求通俗易懂，内容由浅入深，可作为农产品生产大户、农产品流通经营者扩大知识面、掌握农产品市场营销常识和专业知识的通俗读本，也可作为大中专院校和职业教育管理学、市场营销学专业师生的参考资料。

图书在版编目(CIP)数据

农产品市场营销/赵宪军，周剑主编. --北京：金盾出版社，2012.4

（农业与农村经济管理丛书）

ISBN 978-7-5082-7372-3

Ⅰ.①农… Ⅱ.①赵…②周… Ⅲ.①农产品—市场营销学 Ⅳ.①F762

中国版本图书馆 CIP 数据核字(2011)第269794号

金盾出版社出版、总发行

北京太平路5号(地铁万寿路站往南)

邮政编码:100036 电话:68214039 83219215

传真:68276683 网址:www.jdcbs.cn

封面印刷:北京印刷一厂

正文印刷:北京燕华印刷厂

装订:北京燕华印刷厂

各地新华书店经销

开本:850×1168 1/32 印张:5.75 字数:136千字

2012年4月第1版第1次印刷

印数:1～8000册 定价:13.00元

农业与农村经济管理丛书编委会

序

《国民经济和社会发展第十二个五年规划纲要》(以下简称《规划》)对“十二五”农业农村发展提出了新的要求,各级农业部门要紧紧围绕在工业化、城镇化深入发展中同步推进农业现代化的重大任务,扎实工作,开拓创新,努力开创“十二五”加快现代农业发展和社会主义新农村建设新局面。《规划》指出,推进“十二五”农业农村经济发展,要深入贯彻落实科学发展观,坚持统筹城乡发展方略,以推进农业科学发展为主题,以转变农业发展方式为主线,以确保国家粮食安全和农民持续较快增收为目标,着力强化政策、科技、装备、人才和体制支撑,着力夯实农业和农村经济发展基础,显著提高农业现代化水平、新农村建设水平和农民生活水平,为经济社会平稳较快发展和全面建设小康社会奠定坚实基础。

“十二五”期间,我国农业与农村经济发展中存在着许多突出的问题。满足农产品需求不断增长的资源约束压力依然很大,耕地保有量已经逼近18亿亩红线,耕地保护形势依然严峻,节水农业的发展尚有许多技术和政策问题没有解决。解决农产品供求和食品安全的政策有效性不足,政策目标有所偏差,没有从改善和优化食物分配结构方面考虑制定有效的解决农产品供求矛盾的政策,食品安全形势依然堪忧,监管制度和体系很不完善。收入差距还在继续扩大,城乡居民收入差距扩大,农村内部居民收入差距扩大。土地制度不完善,农民的合法权益没有得到充分保障,有意愿进行土地承包经营权流转的农户仍然面临操作层面的制度不完善,建设征地和建设用地制度中的一些根本性问题尚未得到解决。基本公共服务均等化目标的实现仍任重道远。农村金融供给和服务环境没有得到根本改善。

为了适应《规划》提出的农业农村发展的新要求，帮助解决我国农业与农村经济发展中存在的突出问题，河北农业大学经济贸易学院、商学院、人文学院与金盾出版社联袂推出符合中国国情的、有利于指导农业与农村发展的"农业与农村经济管理丛书"，包括《农产品期货贸易》《农村财政项目管理》《农村公共品投入及社区服务》《农村小额保险》《新型农村合作医疗》《农村新型社会养老保险》《农民自我发展与创业》《农民工工伤预防与处理》《农产品市场营销》《农村土地流转及征收》《乡镇企业融资管理》《中国农业保险》《农产品质量安全》《农民专业合作组织》。

本套丛书坚持"基础理论必要够用，使用语言通俗易懂，理论密切联系实际"的编写原则。适用范围比较宽泛，既适用于高等农林院校经济管理类专业、农学专业、农村区域发展专业等各相关专业本科生使用，也可作为农村基层干部、农业技术人员、经济管理人员的学习和培训用书，同时也可作为广大农民自我提高的有益读本。

该套丛书的出版，将有助于农村基层干部、广大农民及其他农业从业人员了解新时期的农村现状，掌握相应的基本理论和知识，提高他们的综合素质，相信对我国农业与农村经济的持续稳定发展大有裨益。

前　言

我国农产品市场发展迅速，类别繁多，包括粮油市场、蔬菜市场、水产品市场、肉食禽蛋市场、干鲜果品市场等。现在市场硬件设施明显改善，商品档次日益提高，市场运行质量日趋看好。与此同时，随着国内农产品市场的开放，农产品竞争日趋加剧，已经从单一的产品竞争演变成为全方位的、多层次的综合性竞争。然而，由于缺乏市场营销专业知识，农产品经营者往往还是凭借个人经验和对市场的简单估计来销售农产品，很少运用现代市场营销手段，在提高农产品的市场竞争力方面显得力不从心。正基于此，我们编写了这本培训教材，以期对广大农产品经营者尤其是农产品营销人员有所帮助。

本书从农产品市场和农产品市场营销的简单介绍入手，分析了农产品消费者特征、农产品市场营销战略、农产品营销策略及其实施，并针对当前农产品营销的变化趋势，介绍了农产品标准和分级，同时，结合近 10 年的统计数据，分门别类地介绍了谷物、棉花、畜产品、乳品、园艺产品和烟草的市场情况，并针对市场情况，提出了针对性的营销策略。

本书内容共分 9 章，编委具体分工为：第一章由赵宪军编写；第二、三章由李学强、周曼编写；第四章由吴爱丽、武晓东编写；第六章由孙成翠、徐阳编写；第七、第八章由李学强、陈彦龙编写；第九章由周剑、李学强编写。赵宪军教授和周剑副教授共同负责本书的统稿工作。

在编写过程中，讲解力求通俗易懂，使读者在相关的管理学和市场营销学基础相对较薄弱的情况下能掌握农产品市场营销的常用方法，为农产品生产者和经营者开辟市场、扩大农产品销路服务，可作为农民市场营销培训教材，也可作为农产品生产大户、农产品流通经营者扩大知识面、掌握农产品市场营销常识和专业知识的通俗读本，也可作为大中专院校和职业教育管理学、市场营销学专业学生的参考资料。

本书编写过程中得到河北农业大学经济贸易学院相关研究生导师和研究生的大力支持，在此一并致谢。

由于编者水平有限，加之时间紧迫，书中难免有疏漏和不妥之处，敬请广大读者批评指正。

编 著 者

目　录

第一章　农产品市场营销概述……………………………………………（1）
第一节　农产品市场特点及其分类…………………………………（1）
一、农产品市场的特点 ……………………………………………（1）
二、农产品市场的分类 ……………………………………………（2）
第二节　农产品市场营销的含义及特点……………………………（3）
一、农产品市场营销 ………………………………………………（3）
二、农产品营销的特点 ……………………………………………（3）
第三节　农产品市场营销宏观环境…………………………………（4）
一、政治、法律环境…………………………………………………（5）
二、经济环境 ………………………………………………………（5）
三、人口环境 ………………………………………………………（6）
四、生态环境 ………………………………………………………（7）
五、社会文化环境 …………………………………………………（7）
六、科学技术环境 …………………………………………………（8）
第二章　农产品消费者特征…………………………………………（9）
第一节　农产品消费者的需求特征…………………………………（9）
一、多样性和差异性 ………………………………………………（9）
二、层次性和发展性 ………………………………………………（9）
三、需求的易变性和季节性、地域性 ……………………………（10）
四、购买动机多样性………………………………………………（10）
五、需求的派生性…………………………………………………（10）
第二节　农产品消费者的购买行为特征 …………………………（11）
一、农产品消费者多而分散………………………………………（11）
二、少量多次………………………………………………………（11）

三、购买的差异性大…………………………………………………………（11）
四、大多属于非专家购买…………………………………………………（12）
五、购买的流动性大…………………………………………………………（12）
第三章　农产品市场营销战略 ……………………………………………（13）
第一节　农产品市场调查与预测 …………………………………………（13）
一、农产品市场调查…………………………………………………………（13）
二、农产品市场预测…………………………………………………………（19）
第二节　农产品目标市场营销战略 ………………………………………（22）
一、农产品市场细分…………………………………………………………（22）
二、农产品的市场定位………………………………………………………（24）
三、农产品目标市场选择……………………………………………………（26）
第三节　农产品市场营销组合 ……………………………………………（29）
一、农产品市场营销组合的特点……………………………………………（29）
二、农产品市场营销组合策略的影响因素…………………………………（30）
第四节　农产品营销策略 …………………………………………………（31）
一、协调联动…………………………………………………………………（32）
二、产业化经营………………………………………………………………（32）
三、拓宽营销渠道……………………………………………………………（32）
四、现代流通方式……………………………………………………………（33）
第四章　农产品营销的产品策略实施 …………………………………（34）
第一节　农产品营销中的产品概念与生命周期 …………………………（34）
一、农产品概念………………………………………………………………（34）
二、农产品的生命周期………………………………………………………（35）
第二节　农产品品牌与包装策略 …………………………………………（36）
一、农产品品牌策略…………………………………………………………（36）
二、农产品包装策略…………………………………………………………（37）
第三节　农产品的新产品开发与创新 ……………………………………（40）
一、新产品的概念……………………………………………………………（40）

二、新产品开发的原则……………………………………………(41)
三、新产品开发的过程……………………………………………(42)
第五章　农产品价格策略实施 ……………………………………(46)
第一节　农产品定价目标与定价程序 ……………………………(46)
一、农产品定价目标……………………………………………(46)
二、农产品定价程序……………………………………………(48)
第二节　农产品定价方法 …………………………………………(49)
一、成本导向定价………………………………………………(49)
二、需求导向定价………………………………………………(50)
三、竞争导向定价………………………………………………(52)
第三节　农产品价格策略 …………………………………………(53)
一、价格折扣与折让……………………………………………(53)
二、差别定价……………………………………………………(54)
三、促销定价……………………………………………………(55)
四、地理定价……………………………………………………(56)
第六章　农产品营销渠道策略实施 ………………………………(58)
第一节　农产品营销渠道模式 ……………………………………(58)
第二节　农产品批发与零售 ………………………………………(60)
一、农产品批发商………………………………………………(60)
二、农产品批发市场……………………………………………(61)
三、农产品零售…………………………………………………(62)
第三节　农产品营销渠道管理 ……………………………………(64)
一、对中间商的选择……………………………………………(64)
二、对主要营销渠道评估………………………………………(66)
三、营销渠道管理………………………………………………(67)
第四节　农产品营销经纪人 ………………………………………(69)
一、农产品经纪人的作用………………………………………(69)
二、农产品经纪人的能力和素质………………………………(70)

第七章　农产品促销策略实施 …………………………… (72)
第一节　广告策略 …………………………………… (72)
一、广告产品策略…………………………………… (72)
二、广告市场策略…………………………………… (75)
三、广告媒介策略…………………………………… (77)
四、广告实施策略…………………………………… (78)
第二节　人员推销策略 …………………………… (80)
一、农产品人员推销技巧………………………… (81)
二、农产品人员推销策略………………………… (83)
三、人员推销的组织策略………………………… (84)
第三节　营业推广策略 …………………………… (85)
一、对消费者的营业推广………………………… (85)
二、对组织用户的营业推广……………………… (86)
三、对推销员的营业推广………………………… (86)
第四节　公共关系策略 …………………………… (87)
一、关系营销的子市场…………………………… (87)
二、针对组织用户的关系营销…………………… (88)
三、针对消费者的关系营销……………………… (90)
第八章　农产品标准与分级 ……………………… (91)
第一节　农产品标准 ……………………………… (91)
一、普通农产品的质量标准……………………… (91)
二、绿色农产品的标准…………………………… (92)
三、有机农产品标准……………………………… (93)
四、无公害农产品标准…………………………… (94)
五、农产品的检验………………………………… (94)
第二节　农产品质量分级 ………………………… (95)
一、分级的目的和意义…………………………… (95)
二、粮食的分级…………………………………… (96)

三、果蔬的分级 …………………………………… (96)
四、绿色农产品分级 ………………………………… (98)
第九章　农产品专业市场营销 ……………………… (99)
第一节　谷物营销 ………………………………… (99)
一、谷物供给状况 …………………………………… (99)
二、谷物需求状况 …………………………………… (101)
三、谷物营销 ………………………………………… (103)
第二节　棉花营销 ………………………………… (107)
一、棉花供给状况 …………………………………… (107)
二、棉花需求状况 …………………………………… (107)
三、棉花营销 ………………………………………… (109)
第三节　畜牧产品营销 …………………………… (115)
一、畜产品类型 ……………………………………… (115)
二、我国畜产品生产特点 …………………………… (118)
三、肉类产品营销 …………………………………… (119)
四、乳品营销 ………………………………………… (126)
五、禽产品营销 ……………………………………… (130)
第四节　园艺产品营销 …………………………… (133)
一、水果营销 ………………………………………… (133)
二、蔬菜营销 ………………………………………… (141)
三、花卉营销 ………………………………………… (147)
第五节　油料作物产品营销 ……………………… (151)
一、油料作物供给状况 ……………………………… (151)
二、油料需求状况 …………………………………… (153)
三、油料营销 ………………………………………… (154)
第六节　烟草营销 ………………………………… (163)
一、烟草的分类及特点 ……………………………… (163)
二、烟草产品供应状况 ……………………………… (164)

三、烟草消费的现状 …………………………………… (165)
四、中国烟草营销渠道 …………………………………… (166)
五、政府对烟草产品营销的管理 ………………………… (167)
参考文献 ……………………………………………………… (169)

第一章　农产品市场营销概述

第一节　农产品市场特点及其分类

一、农产品市场的特点

农产品市场与其他市场相比，具有一些固有的特殊性。

一是交易的产品具有生产资料和生活资料的双重性质。农产品市场上的农副产品，一方面可以供给生产单位用作生产资料，如农业生产用的种子、种畜和饲料等；另一方面，农产品又是人们日常生活离不开的必需品。

二是供给的季节性和周期性。农业生产有淡旺季之分，数年之中也有丰产、平产、歉产。因此，在农产品供应中解决季节性、周期性的矛盾，维持均衡供应是非常重要的工作。

三是风险比较大。农产品是具有生命的产品，在运输、储存、销售中会发生腐烂、霉变等，极易造成损失。

四是多为小型分散的市场。农产品生产分散在千家万户，农产品集中交易时具有地域性特点，通常采用集市贸易的形式，规模小而且分散。

五是基本稳定。农产品供求平衡且基本稳定，这是社会稳定和保证经济发展的要求。

农产品市场的这些特性，使农产品的市场营销具有自己的规律。在市场营销活动中，只有自觉地按照客观规律指导自己的生产经营活动，才能取得预期的经营成果。

二、农产品市场的分类

按照不同的分类标准，农产品市场可有不同的分类方法。

（一）按市场参与主体分类

1. 消费者市场 指由为满足个人和家庭需要而购买农产品的消费者形成的市场。该市场以个人或家庭为基本的购买单位，购买批次多、批量小。购买目的是为满足个人和家庭的需要。

2. 农产品企业市场 指由为满足企业生产、流通需要而购买农产品的企业形成的市场。购买者是企业或其他组织，购买批次少，批量大，购买目的是为满足企业生产或转卖的需要。

（二）按交易场所的性质分类

1. 产地市场 指在各个农产品集中生产地形成的汇集农产品的定期或不定期的农产品市场，如山东寿光蔬菜批发市场等。

2. 集散与中转地市场 集散与中转市场是将分散生产的农产品集中起来，经过再加工、储藏、包装，再通过批发市场分销给各地，形成规模，降低流通成本而形成的。这些市场多设在交通便利的地方，如公路、铁路交会处，一般规模都比较大，建有较大的交易所和停车场，仓储设施等配套服务业较完善。

3. 销地市场 销地市场是将经过集中、初加工和储运等环节的农产品销售给消费者，直接向广大消费者提供农产品的市场。这类市场一般设在大中城市和小城镇等人口密集地区。

（三）按农产品交易形式分类

1. 现货交易市场 指市场内买卖双方根据商定的付款方式、付款金额和其他条件买卖商品，在一定的时期内进行实物交易的市场。

2. 期货交易市场 指进行农产品期货交易的有组织的市场。期货交易是在期货交易所按照一定的规章制度进行的“农产品标准化合约”的买卖活动。期货不是“货”，市场的交易对象是“农产品标准化合约”。

(四)按农产品性质分类

按农产品市场上交易的农产品性质可以将农产品市场分为粮食市场、油料市场、果品市场、蔬菜市场、水产品市场、禽蛋市场、奶类市场、棉花市场、茶叶市场、糖料市场、中药材市场、烟草市场、林产品市场、园林产品市场、种子市场与农业科技市场等。

第二节　农产品市场营销的含义及特点

一、农产品市场营销

农产品市场营销是农产品生产者与经营者个人和组织在变化的市场环境中，为满足消费者对农产品的需要，实现农产品生产、经营企业目标的商务活动，包括农产品市场调研、目标市场选择、产品开发和定价、渠道选择、产品促销、储存、运输和销售及提供服务等一系列与市场有关的企业业务经营活动。

二、农产品营销的特点

(一)营销产品的生物性、自然性

农产品大多是生物性自然产品，如蔬菜、水果、鲜肉、牛奶、花卉等，具有鲜活性、易腐性(不易储存)，并容易失去其鲜活性。农产品一旦失去其鲜活性，其价值就大打折扣，而且某些农产品的体积较大，单位重量的价值低，如木材、冬瓜等。

(二)农产品供给的季节性强，短期总供给缺乏弹性

农产品的供给在时间上具有季节性而且生产周期长。如在我国，水稻一年一般收获 1～2 次，在南方日照时间长的地区最多也只能收获 3 次，棉花采摘时间集中在 9 月份之内，西瓜、葡萄等水果一般集中在 7 月至 9 月上市。虽然现代科学技术缩短了农产品的生长周期，改变了农产品的上市时间，出现了一些反季节的蔬菜、水果，但总的来说农产品供给的季节性是其主要特点。

（三）农产品需求的大量性、连续性、多样性且弹性较小

第一，对农产品的需求是人类吃、穿等基本的生活需求，具有普遍性和大量性，而且人们每天都必须消费以农产品为原料的食品、服装用品，所以对农产品的需求是连续的。第二，由于人们的偏好不同，对农产品的需求是多样的，同时，许多农产品效用彼此可以替代。例如，牛肉和羊肉都可以满足人们对于动物蛋白质的需求；用棉花、羊毛织成的面料都可以制成衣服供人御寒等。第三，由于人们每日需要的蛋白质和热量是基本不变的，因而农产品尤其是食品的需求弹性较小。人们不会因为农产品价格变化，某一期间对农产品的基本需求量发生大的改变。

（四）大宗主要农产品品种营销的相对稳定性

农产品生产多是有生命的动物和植物的生产，其品种的改变和更新需要漫长的时间，因而农产品经营在品种上具有相对的稳定性。当然并不排除在现代技术进步条件下某些新产品的迅速产生，但在一定时间里，人们消费的农产品品种相对稳定。

（五）政府宏观政策调控的特殊性

农业是国民经济的基础，农产品是有关国计民生的重要产品，更由于农业生产的分散性和农户抵御市场风险能力的有限性，所以政府采取特殊政策来扶持或调节农业生产和经营。

第三节 农产品市场营销宏观环境

农产品营销宏观环境指关系农产品经营企业的生存和发展，影响和制约农产品经营企业营销战略的制定和实施的外部因素。

一、政治、法律环境

(一)政治环境

农产品营销活动客观上需要政府扮演管理者的角色,对农产品营销活动进行必要的、适度的宏观调控。如政府制定的农业财政政策、农业金融政策、环境保护政策等,极大地影响着农业生产者与经营者的农产品开发、定价、加工与销售等方面的营销决策。

(二)法律环境

指国家和地方制定的关于规范农产品营销活动的各种法令、规定。我国已颁布实施的与农产品营销有关的法令主要有:“环境保护法”、“产品法”、“消费者权益保护法”、“价格法”、“广告法”、“计量法”、“反不正当竞争法”等。

二、经济环境

农产品营销的经济环境指影响农产品营销的各种经济因素,它反映营销企业与外界的经济关系。

(一)居民人均收入水平

人均收入反映某一经济社会的平均收入状况,是用来细分农产品市场,了解农产品需求变化趋势的重要工具。

(二)居民收入分配特点

一般而言,收入水平高的地区的居民,对农产品消费需求尤其是质量好、价格高的食品需求有较强的拉动作用;但另一方面,如不同地区居民之间收入分配水平过于悬殊,则不利于农产品消费和开拓农产品市场。

(三)消费者储蓄状况

在消费者收入一定的前提下,储蓄数量越大,则现实支出数量和市场购买力就越小;反之,储蓄数量越小,现实支出数量和市场购买力就越大,给农产品营销提供的市场机会就越多。

(四)消费者消费模式

随着居民收入增加,其消费支出的百分比占收入的百分比呈不断下降趋势。随着经济的发展,消费者日益关注食品安全和自身健康,农产品中的名、珍、稀、特品种及无污染的绿色食品越来越受到消费者欢迎,安全、卫生、便捷、高效的农产品营销模式也日益受到消费者青睐。

三、人口环境

在分析农产品营销环境时,人口是必须考虑的重要因素。

(一)人口总量

人口总量(总人口)是指一个国家或地区人口的总数。一般而言,人口增长,意味着农产品市场发展,农产品市场需求总量将扩大。所不同的是,低收入国家和发展中国家人口增长较快,经济收入低,市场需求压力很大,往往导致农产品供给不足、物价上涨,为企业开展农产品营销活动提供了有利的社会环境。而发达国家人口增长缓慢,农产品供给过剩,收入水平高,人们对农产品的需求趋向高级化、个性化。

(二)人口结构

人口结构主要包括年龄结构、性别结构、受教育程度和家庭特点,这些因素影响着农产品的消费结构和需求类型。如随着老年人口的增长和婴幼儿的增加,为保健食品、营养食品提供了良好的市场机会;随着妇女就业人数的增加,速冻食品、方便食品自然受到消费者的青睐;随着家庭规模的小型化、家庭结构的多样化,消费者对农产品的包装、分销和促销方式等有了新的要求;从受教育程度看,受教育程度较高者往往有先进的消费理念,他们往往是绿色食品消费的重要群体。

(三)人口流动

在我国,随着工业化的发展,大批农村人口流向城市,大批农业劳动力从内地流向沿海开放城市。流动人口的增加促进了快餐业务的发展，同时也拉动了当地农产品的需求。

四、生态环境

生态环境问题对农产品的国际营销也有着越来越重要的影响。随着各国环境意识的增强，各国纷纷对出口农产品提出了“环保检验”的有关标准。目前，发达国家通过不断颁布新的技术法规，不断增加农产品检测项目，实行严格的产品标签制度、“绿色包装”制度以及质量评定和认证制度等。

目前国际上通行的环保认证标准，是国际标准化组织（ISO）于 1996 年颁布的关于环境管理体系的建立、实施与审核的通用标准 ISO 14000。通过 ISO 14000 认证就如同获得了一张绿色通行证。

五、社会文化环境

文化是影响农产品营销的重要外部环境，它通过影响人们的消费观念、消费行为、消费需求等来影响农产品营销的全过程。文化因素主要包括宗教信仰、消费习俗和消费理念。

（一）宗教信仰

宗教和宗教团体都有各自的教规和戒律，影响、制约着宗教信徒们生活方式、价值观念、审美观念和行为准则。宗教不仅仅是一种信仰，更重要的是反映了相关消费者（教徒）的生活理想、消费愿望和追求的目的。在从事农产品营销活动时，要适应目标市场上宗教信徒的生活习俗，发挥和创造市场机会，减少营销风险；了解目标市场上的宗教禁忌对教徒消费行为的影响，顺势而为，及时做好替代品的促销。

（二）消费习俗

消费习俗是人们长期形成的消费方式。受科技水平、文明程度、信仰、风俗、经济、政治等因素的影响，不同国家和地区的消费习俗差别很大。如在我国，人们在欢度春节时，往往购买和消费较多、较好的农产品，形成肉、禽、蛋、奶等农产品相对集中消费的高峰。

由于消费习俗是人们长期形成的，它具有相对的稳定性。要根据一个国家或地区消费习俗的特点，开展农产品营销有利于开拓农产品市场，但同时也应顺应社会变革，注重引导消费者需求。

(三)消费理念

消费理念是人们的消费价值观。在不同的社会经济时代，人们的消费理念有很大差异。自 20 世纪 70 年代以来，越来越多的公众认识到过度依赖生产要素投入的常规农业对资源、环境、食品卫生、人体健康造成的潜伏性、累积性、扩散性危害，越来越多的消费者确立了绿色消费的理念，绿色食品生产、经营和消费日益为人们所重视和欢迎。

六、科学技术环境

从农产品开发方面看，现代生物技术中的细胞工程、遗传育种工程、基因工程等技术的开创和发展，不仅促使农产品数量大幅度增加，农产品品质不断改善，而且还能开发出自然界过去没有的农业生物新品种，为向市场提供安全、优质、多样化的农产品提供了科技支撑和物质保障。从对农产品营销渠道的影响看，随着 IT 技术的发展，特别是 Internet 技术的出现和广泛应用，农产品营销渠道模式正在发生深刻的变化。从对农产品促销的影响看，由于网络营销是一对一和交互式的双向沟通，顾客能直接参与农产品营销活动，与营销者进行商务洽谈和情感的沟通，有助于加强企业、营销人员与顾客的合作等，及时地把握市场机会。

第二章　农产品消费者特征

第一节　农产品消费者的需求特征

现实生活中的消费者形形色色、千差万别。从性别上来看，有男女之分；从年龄上来看，有幼儿、少年、青年、老年之分；从收入水平上来看，有高收入、低收入之分等。因此，消费者的需求也是多种多样的。虽然如此，消费者的需求仍具有某些共同的倾向性和规律性，这就是消费者需求的基本特征。对于农产品来说，其消费者需求的基本特征主要表现在以下几个方面。

一、多样性和差异性

受消费者年龄、性别、地域、文化、职业、收入、教育程度、生活习惯、个性偏好及市场环境等多种因素的影响，消费者表现出多样化的需求，在购买商品的数量、质量、品种、品牌等方面存在巨大的差异。即使是同样年龄和性别的消费者，也会因为地理、文化和收入的不同，在其购买特点和商品需求等方面表现出明显的差异性。

二、层次性和发展性

消费者的需求是分层的。从全国来讲，改革开放之前，粮、棉、油等关系国计民生的重要农产品尚不能满足全国人民的需求。在这样的境况下，消费者的需求只能是满足于温饱，甚至有些地方温饱问题还不能得到解决，可以说，这时的需求是一种低层次的需求。随着时代的发展，生产力水平得到了进一步提高，农产品产量提高，人们的需求层次也逐步提高，不再满足于温饱，而是追求营养、健康、品位。

可见，消费者的需求是一个由低级到高级、由简单到复杂不断发展的过程。需求的层次性和发展性说明消费者的需求不是一成不变的，而是随着环境因素的改变而变化的。

三、需求的易变性和季节性、地域性

随着市场竞争的不断加剧，企业不断进行产品创新，各种商品琳琅满目，这引导着人们的需求也不再满足于传统的品种和质量，而是向求新、求异方向发展，表现出易变性。

在消费者需求易变性存在的同时，人们的消费需求也表现出一定的季节性：一是由于季节性气候的变化，不同产品适宜在不同季节消费；二是季节性生产的原因，使需求也呈现出季节性；三是风俗习惯和传统节日引起需求的季节性。不同地区的居民有不同的饮食习惯，这就使得食品需求存在地域性。

四、购买动机多样性

消费者受社会、家庭等诸多因素的影响，在认识、感情、意念等心理活动过程中会形成不同的购买动机，从而引起不同的购买行为。

五、需求的派生性

消费者所购买的农产品往往不是原生态的农产品，而是经过加工、流通等环节的农产品。农产品经过加工可以使品质得到改善，经过流通可以满足消费者适时适地的消费需求。因此消费者对最终农产品的需求就会引起加工业者和各级流通主体对中间农产品的需求。这就是农产品需求的派生性。

第二节　农产品消费者的购买行为特征

消费者由于收入、性格、素养等不同而存在着购买心理的差异，会产生多种类型的购买行为。经营者应注意分析影响消费者行为的心理因素，了解不同消费者的态度和信念，生产符合不同心理要求的农产品。在促销手段上要设法迎合消费者的心理要求。正确选择目标市场，有针对性地开展产品营销活动，使消费者的潜在需求变为现实需求。

一、农产品消费者多而分散

农产品消费涉及每一个人和每个家庭，购买者多而分散。为此，消费者市场是一个人数众多、幅员广阔的市场。由于消费者所处的地理位置各不相同，闲暇时间不一致，造成购买地点和购买时间的分散性。

二、少量多次

消费者购买是以个人和家庭为购买和消费单位的，由于受到消费人数、需要量、购买力、储藏地点、商品保质期等诸多因素的影响，消费者为了保证自身的消费需要，往往购买批量小、批次多，购买频繁。

三、购买的差异性大

消费者购买因受年龄、性别、职业、收入、文化程度、民族、宗教等影响，其需求有很大的差异性，对农产品的要求也各不相同，而且随着社会经济的发展，消费者消费习惯、消费观念、消费心理不断发生变化，从而导致消费者购买差异性大。

四、大多属于非专家购买

绝大多数农产品消费者购买缺乏相应的专业知识、价格知识和市场知识，尤其是对某些技术性较强、操作比较复杂的商品，更显得知识缺乏。在多数情况下消费者购买时往往受感情的影响较大。因此，消费者很容易受广告宣传、商品包装以及其他促销方式的影响，产生购买冲动。

五、购买的流动性大

消费者购买必然慎重选择，加之当前市场经济比较发达，人口流动性大，导致消费购买的流动性大，消费者购买经常在不同产品、不同地区及不同企业之间流动。

认清消费者购买的特点，有助于经营者根据消费者购买特征来制定营销策略，规划经营活动，更好地开展市场营销活动。

第三章　农产品市场营销战略

第一节　农产品市场调查与预测

有效的市场营销活动必须建立在市场分析的基础上，市场分析主要包括市场调查和市场预测两个步骤。市场调查和市场预测是两个前后衔接、密不可分的环节，市场调查是市场预测的基础和依据，市场预测是市场调查的延伸和发展。

一、农产品市场调查

农产品市场调查，是根据农产品市场调查的目的和需要，运用一定的科学方法，有组织、有计划地搜集、整理、传递、存储和利用市场有关信息的过程。其目的在于通过了解市场供求发展变化的历史和现状为管理者和企业的决策者制定政策、进行预测、做出经营决策、制订计划提供重要依据。

（一）市场调查的基本内容

市场调查的内容十分广泛，具体内容要根据调查和预测的目的以及经营决策的需要而定，最基本的内容有以下几个方面。

1. 市场环境调查　政治方面，主要有政府有关经济政策，如农业发展方针、价格、税收、财政等方面的政策；经济方面，主要有农业生产水平、科技水平、自然资源状况、人口及其构成、居民收入及其消费结构、市场价格水平等；社会文化方面，主要有居民文化教育程度及其职业构成、民族分布特点及其宗教信仰、生活习惯等；自然环境，如地理位置、气候、交通运输等状况；竞争环境，主要是同行业生产能力、生产方式、成本价格、产品特征及市场占有率等情况。

2. 消费者需求情况调查 调查一定时期一定范围内人口变化，居民生活水平的变化，购买力投向，购买者爱好、习惯、需求构成的变化，对各类农产品在数量、质量、品种、规格、价格等方面的要求及其发展趋势，调查配套商品、连带性商品及其他商品之间存在的需求比例关系及函数关系，了解社会集团购买力的需要。

3. 生产者供给情况调查 调查社会、商品资料及其构成情况，包括生产规模、生产结构、技术水平、生产力布局、生产成本、自然条件和自然资源等生产条件的现状和未来规划。同时要特别重视农业生产情况的调查，农业生产状况如何，直接影响到农产品市场状况。许多农副产品既是城乡人民生活资料，又是工业部门的生产资料，搞好这方面的调查，对于全面安排好城乡市场具有重要作用。

4. 销售渠道的通畅情况调查 了解农产品销售渠道的过去和现状，包括农产品流通的各个环节、推销人员的基本情况、销售渠道的利用情况及其存在的问题等。

5. 市场行情调查 具体调查各种农产品在市场上的供求情况、存货状况和市场竞争状况。要调查有关地区、有关企业、有关商品之间的差别和具体供求关系，如有关地区、企业同类商品的生产、经营、成本、价格、利润、资金周转等重要经济指标及其流转、销售情况和发展趋势等。

（二）市场调查的步骤

进行市场调查，因时间、地点、费用、设备等条件而不同，在具体做法上也不可能有统一的标准，但一般来说可以按以下的步骤进行。

1. 确定市场调查目标 指要确定调查的目的、范围和要求，也就是要确定调查的主题。

2. 制定调查计划 调查计划是调查目的和任务的具体化。

规定出必须搜集的资料，设计出基本的调查方法，组织好调查人员，安排好日程，以及预算好调查经费等。

3. 搜集和利用现有资料，进行初步调查　搜集现有的企业内部的有关情报资料。内部资料包括各种会计、统计资料、有关年度总结报告、专项问题报告以及财务决算等。外部资料包括政府公布的统计资料、公开出版的期刊、文献、报纸、书籍、研究机关的调查报告与研究报告、经济年鉴手册等。通过对这些资料的分析，初步了解和发现各影响因素之间的关系，从而确定调查问题的方向。

4. 运用一定的调查方法进行现场实地调查　在经过初步调查的基础上，进一步确定要调查的具体问题，并运用一定的调查方法，直接取得第一手资料。资料搜集需注意：①准确性，对所提供资料的真实性和可靠性要进行分析，力求去伪存真；②针对性，根据具体需要有目的有计划地进行；③系统性，对市场情报资料要加以分类、合并、整理，不间断地进行，不能时有时无；④完整性，要保证有关情报资料的完整性；⑤预见性，注意及时搜集有关调查问题的发展动向和发展趋势的情报资料。这样，调查的资料才能发挥情报资料的效用，为进行市场预测、经营决策提供可靠依据。

5. 资料的整理与分析

(1)编辑整理　要检查调查资料的误差，对情报资料进行评定，如资料的根据是否充分，推理是否严谨，阐述是否合理，观点是否正确，以保证资料的真实与准确。

(2)分类编号　为便于查找、归档、统计和分析，必须将经过编辑整理的情报资料按适当的分类表分类编号。

(3)统计　将已分类的资料进行统计、计算，有系统地制成各种计算表、统计表、统计图，以便利用和分析。

(4)分析　运用调查资料所得数据和事实，分析情况并得出结论。

6. 编写调查研究报告　编写原则是：紧扣主题；内容力求客

观、扼要、重点突出；文字简练。报告中可用图表说明，图文并茂，易于理解。最后，调查报告提出后，调查人员还应追踪了解报告是否被采纳。如被采纳，则需了解建议的采用程序和实际效果，并协助业务人员尽早实现报告中提出的建议方案。

(三)市场调查的方法

市场调查的方法很多，应结合调查目的和内容适当选择。

1. 按调查方式分类

(1)询问调查　通过面谈、电话、信函等手段，搜集所需要的信息资料，是市场调查的常用方法，又可分为三种。

①访问：调查者面对面地向被调查者询问有关问题，可以当场记录；可以采取走出去、请进来或召开座谈会的方式；可以根据事先拟定的询问表或调查提纲提问，也可采取自由交谈的方式进行。访问法的优点是直接与被调查者见面，当面听取意见，并可观察其反应，可根据被调查者的态度，采取灵活的措施，能互相启发，便于深入了解和研究问题。

②电话调查：根据调查者抽样调查的要求，通过电话向调查对象询问意见。它的优点是资料搜集快、成本低，按统一询问表询问，便于统一处理；缺点是仅限于有电话的用户或消费者，被调查者不易与其合作，不能询问较复杂问题，更不容易深入了解。

③邮寄调查：又称通讯调查，就是将设计好的询问表、信函等寄给被调查者，请其填好后寄回。它的优点是调查区域广，被调查者可有充分时间回答询问，调查成本较低，能避免个人访问中可能产生的调查员偏见的影响；缺点是调查回收率低，收回时间长，被调查者可能误解询问表中某些项目的含义。

这三种方法究竟采用哪种，要根据问题的性质和要求，以及调查资料的范围、费用、询问表的长短和复杂程度综合考虑和选择。

(2)现场观察法　这是调查人员直接到市场进行观察与记录的一种搜集信息资料的方法。调查人员可以肉眼观察、手写记录，也可以利用仪器设备收录和拍摄，收集现场的真实现象和数据，如顾客流量、消费者对某些商品的选择和态度等。这一方法的优点是可以比较客观地搜集资料，直接记录调查的事实和被调查者在现场的行为，调查结果更接近于实际；缺点是观察不到内在因素，因为要求观察人员具有较高的技术业务水平，使这一方法的利用受到限制。如果在采用观察法的同时结合询问法，效果会更好些。

(3)实验调查法　这是来源于自然科学的实验求证法，一般是从影响调查问题的许多因素中选出一个或两个因素，将它们置于一定条件下进行小规模实验，然后对实验结果进行分析，研究是否值得大规模推广。例如，在影响销售量变动的几个因素中，选择价格、包装两个因素进行实验，在其他影响不变的情况下，从销售量的变动，便可表明是价格和包装的影响。实验法的运用范围较广，凡是某一农产品在改变品种、包装、设计、价格、广告等因素时，都可应用这一方法先作小规模实验，调查用户的反映，然后研究是否值得大规模推广。

(4)资料分析法　也称间接调查法或室内研究法，是依靠历史的和现实的动态统计资料，在室内进行统计分析的方法。如通过资料研究，可以分析市场供求趋势、市场相关因素、市场占有率等。这一方法的优点是可以充分利用现有资料、节省调查费用。但是调查人员要有丰富的专业知识和管理经验，才能胜任这一工作。

2. 按调查样本的多少分类

(1)全面调查法　对某一社会现象进行全面调查。其特点是一次性和全面性。这一方法获取的资料全面、系统、准确、可靠，但费工、费时、费钱，不宜经常采用。

(2)典型调查法　经过调查典型户而推算市场情况。这一方法经常被部门和企业采用。如各地统计局和计委都联系有一批比较固定的典型户，常年对之进行购买力和家计调查。这一方法的优点是调查对象少、容易合作、调查比较深入，还可以深入被调查单位的生产经营过程，直接获得比较系统的第一手资料，而且比普通法又节省费用。但是在选择典型户时要注意其代表性。

(3)重点调查法　在研究市场总体中只选择少数单位进行调查。在调查方法上与典型调查类似，但目的不在于用调查资料推算市场一般，而是为了调查了解重点问题和重点单位的情况，所以取得资料也有一定代表性和指导意义。

(4)抽样调查法　在调查单位中抽取一定数量的样本进行调查，从而推算总体。按照是否遵守随机原则，可分为随机抽样调查和非随机抽样调查两大类。按抽样方法不同又可分为四种。

①抽签抽样法：就是从被调查的市场总体中，不做任何有目的的选择，纯粹偶然地抽取样本以推算总体。

②分层抽样法：就是将总体分为若干类型，然后在每一类型中按比例随机抽取部分个体为样本进行调查。这一方法代表性强、误差小，一般多运用于社会购买力调查、居民家庭收支调查、商品销售量调查、农产品产量调查等。

③分群抽样法：就是将总体分成若干群体，再从各群体中随机抽取部分群体为样本进行调查。

④机械抽样法：又称等距抽样。就是将总体按照某一预定的标准顺序排列，然后每隔若干数目选取一个个体为样本进行调查。这一方法简便易行，代表性强，误差小，并可利用现有资料进行抽选，但要注意样本区间不要与样本特性的周期重合或成倍数关系，以免误差扩大。

以上几种抽样调查方法既可单独使用，也可综合使用。但要注意，样本的代表性差和样本数目过少会降低准确度，而样本过多，调查费用又会增加。所以，调查组织的成员要精干、有一定素质，选择合适的调查方法，以提高调查质量。

二、农产品市场预测

(一)农产品市场预测的概念及内容

农产品市场预测,一般是指在农业综合企业市场调查或已掌握一定信息资料的基础上,依据对市场经济规律的认识,运用一定的方法,对影响市场供求变化的各种因素进行分析与测算,对市场的变化做出趋势判断和量的估计,目的是为企业经营决策提供资料或为社会提供市场信息。

市场调查和市场预测是相互依托互为补充的,而且又都为经营决策服务。所以只有市场调查深入,市场预测准确,企业才能做出正确的经营决策。

(二)市场预测的分类

从市场预测的时间分,可分为短期预测(一般指 1 年以内的预测称近期预测;1～2 年的预测称短期预测)、中期预测(一般指 2～5 年的预测)、长期预测(一般指 5 年以上的预测,20 年以上又称长时期预测或未来预测)。

按市场预测的项目分,可分为单项预测和复项预测。单项预测是对市场供求各种因素中的一个项目进行预测。如某种商品的价格水平、销售量、销售利润、市场占有率等指标,选择其中一个项目进行预测。复项预测是对市场供求关系中两个以上项目的综合性预测。如对新年、春节期间猪肉销售量进行复项预测,可以根据上一年销售实绩和当年的调查预测,对新年、春节期间猪肉各部位销售量、包装、价格水平等进行预测。

从预测的商品种类分,可分为大类商品的预测和商品品种的预测。如粮食是一大类,还可分成小麦、稻谷、玉米等。也可按品种分,如对粳稻进行预测。

从预测方法分,可分为定性预测和定量预测,或经验判断预测和数学方法预测,也可分为直观判断预测、因果关系预测等。

从市场预测的范围分，可分为宏观经济预测（如全国市场供求总量预测、国民生产总值增长率预测等）、中观经济预测（一般指部门或地区的经济总量方面的预测）、微观经济预测（一般基层单位在各种经济活动中进行的经济预测）。我们重点介绍宏观和微观市场预测。

1. 宏观市场预测

(1)社会商品购买力与商品可供量总额平衡情况的历史和现状以及今后发展趋势的预测　供求总额是否平衡，关系到市场全局的安排，不仅要求在省、市范围内进行预测，而且要求在全国范围内进行预测。就农产品而言，既对农产品总供给和总需求进行预测，也可就主要农产品（如粮食、棉花、油料等）的总供给和总需求进行预测。

(2)商品供求构成的发展变化趋势及其特点的预测　所谓商品构成是指各类商品在供求总额中所占的比例。例如，在商品购买力中，生产资料购买力和生活资料购买力的比重如何；在消费品中，吃、穿、用等各类商品的需求各占多大比重。这样就可了解到供求构成的发展变化趋势如何，购买力主要投向哪方面，商品供应量构成和需求构成是否相适应。如果不适应，就会造成一部分商品积压，另一部分商品供不应求，从而影响整个市场上的供求总额平衡。

(3)商品供求量的城乡、地区分布及其发展趋势的预测　城乡之间的经济发展速度不平衡，它们之间的商品可供量和社会购买力的发展速度也有所不同。比如近几年来，我国城乡购买力的发展速度就起了很大变化。过去一般是城市购买力增长快于农村，前几年农民收入增长幅度大于城市职工。今后的发展趋势如何，要通过预测掌握具体数据，以便合理安排城乡市场供应。以上属于宏观预测范围，它牵涉到整个国民经济的发展情况，需要对国民经济各部门的发展进行综合分析。

2. 微观市场预测　微观市场预测主要是预测具体商品的产、供、销发展变化情况及未来可能达到的水平，其主要内容包括以下两点。

(1)市场需求预测　这是对社会商品购买力及其投向的预测。为此要调查工农业生产的发展趋势，人民收入的增长程度，生活水平的变化特点，历年结余购买力数额及购买力的投向，居民消费结构及消费心理的发展趋势等。

(2)商品资料预测　这是对社会商品可供量及其发展趋势的预测。为此要调查研究有关商品的生产能力、生产布局、生产技术的发展情况，以及资料、能源、运输条件等的变化趋势。调查了解影响农产品供应量的其他因素，如商品率高低，价格水平，社会农产品储备、集市贸易情况，国家经济政策的变化，这些都从不同方面影响市场供应量。在进行预测时，应在了解上述因素的历史发展变化的基础上，分析这些因素对未来市场供给量的影响程度，然后预测未来一定时期内可能达到的市场供应量。

(三)市场行情预测

调查预测有关商品的供求关系和价格变化的趋势。通过了解对比各地区和有关企业的同类产品的生产、成本、价格、资金周转、劳动效率等技术经济指标，以及市场需求和商品资料的预测，即可判断有关商品的供求关系发展趋势以及价格变化的影响情况等。

(四)产品寿命周期预测

分析各类商品处于市场寿命周期的哪一阶段，预计该商品的销售趋势，以便采取对策。

(五)市场其他情况预测

如某商品的市场占有率预测、市场竞争情况预测以及各种专题预测。

第二节　农产品目标市场营销战略

一、农产品市场细分

所谓农产品市场细分，就是根据农产品总体市场中不同的消费者在需求特点、购买行为和购买习惯等方面的差异，把总体市场划分为若干个不同类型的购买者群的过程。随着农产品的丰富及消费行为的多样化，消费者对农产品的需求、欲望、购买行为以及对企业营销策略的反应等表现出巨大的差异性。每个用户或消费者群就是一个细分市场，或称子市场。每一个细分市场都是由具有类似需求倾向的消费者构成的群体，分属不同细分市场的消费者对同一农产品的需求与欲望存在明显差异。

(一)农产品市场细分的依据

由农产品市场细分的概念可知，市场细分的客观依据是消费者需求的多样性。只要消费者的需求存在差异性，就可以进行市场细分。具体地讲，市场细分的依据主要有以下几点。

1. 消费者需求客观上存在多样性　随着农业生产力水平和人们生活水平的提高，消费需求的多样性越来越明显。农业生产企业要根据这种客观要求，细分消费群体，生产和经营多样化的农产品，并针对各种消费群体运用不同的营销组合策略。

2. 消费者购买动机客观上存在多样性　消费者受社会、家庭等诸多因素的影响，在认识、感情、意念等心理活动过程中会形成不同的购买动机，从而引起不同的购买行为。消费者购买动机是引起购买发生的前提，因此，企业应当认真研究和掌握目标消费者的购买动机，有的放矢地制定和实施营销策略，以取得农产品营销的成功。

3. 消费者购买行为的多样性　消费者由于收入、性格、素养等不同而存在着购买心理的差异，会产生多种类型的购买行为，如理智型、冲动型、经济型、习惯型、情感型、不定型等。企业应注意分析影响消费者行为的心理因素，了解不同消费者的态度和信念，生产符合不同心理要求的农产品。在促销手段上要设法迎合消费者的心理要求。正确选择目标市场，有针对性地开展产品营销活动，使消费者的潜在需求变为现实需求。

（二）农产品市场细分的标志

消费者对农产品的需求与偏好主要受地理因素、人口因素、心理因素及购买行为因素等方面的影响。因此，这些影响因素都可以作为农产品市场细分的标志。

1. 地理标志　农业企业或农产品营销组织可以按消费者所在的地理位置来细分消费者市场，主要依据处在不同地理位置的消费者对农产品的不同需要和偏好。如根据中国不同地区对大米的需求不同，可将大米市场细分为东北、华北、华东、华中、华南等子市场。

2. 人口标志　人口情况与市场对产品的需求、爱好、购买特点及使用频率等关系密切。人口变量比其他变量更容易测量，因而人口因素是企业细分农产品市场的重要标志。

3. 心理标志　心理状态直接影响消费者的购买趋向，特别是在比较富裕的社会，顾客购买农产品已不限于满足基本生活需要，他们购买时心理因素的作用更为突出。企业可以按照消费者性格、爱好等来细分农产品市场。

4. 行为标志　这类标志是根据消费者对农产品知识、态度、使用及对销售形式的感应程度等行为来细分农产品市场。它是农产品市场细分的一个重要因素，在农产品相对过剩、消费者收入不断提高的市场条件下，这一因素显得更加重要。

（三）农产品市场细分的步骤

1. 确定企业的营销目标　就是企业要确定生产什么，经营什么，要满足哪一类消费者的需求。农业企业或农产品营销组织应根据自身条件，以市场为导向，确定营销目标，选择进入市场的范围，这是市场细分的基础。

2. 列出进入市场的潜在消费者的全部需求 这是企业进行市场细分的依据，必须尽可能全面地列出消费者的各种需求。例如，企业准备进入肉牛养殖业，就必须尽可能把消费者对牛肉的品种、口味等的需求全部详细列出。

3. 进行市场细分 企业通过对不同消费者的需求了解，分析可能存在的细分市场。

二、农产品的市场定位

农产品市场定位是指农业经营者根据竞争者现有产品在市场上所处的位置，针对消费者对该产品某种特征或属性的重视程度，塑造自己产品与众不同的鲜明的个性或形象，并把这种形象生动地传递给顾客，从而确定该产品在市场中的适当位置。农产品市场定位的实质是取得目标市场的竞争优势，确定企业及其产品在顾客心目中的适当位置并留下值得购买的印象，以便吸引更多的顾客。因此，市场定位是企业市场营销体系中的重要组成部分，对于提升企业市场形象，提高农产品市场竞争力具有重要意义。

农产品的市场定位是农业经营者通过为自己的产品创造鲜明的特色和个性，从而在顾客心目中塑造出独特的形象和位置来实现的。这种特色和形象可以通过产品实体方面体现出来，也可以从消费者心理方面反映出来，还可以从价格水平、品牌、质量、档次、技术先进性等方面表现出来。

(一)农产品市场定位的方法

市场定位的方法多种多样，但由于农产品具有与一般产品不同的特点，因而，其定位方法有其特殊性。

1. 根据农产品质量和价格定位 产品的质量和价格本身就

是一种定位，一般来说，在消费者看来，较高的价格意味着较高的产品质量。农产品价格普遍偏低，对优质农产品实行高价，使其与普通农产品区别开来，满足消费者对优质农产品的需求，从而达到定位的目的。

2. 根据农产品的用途定位　同一农产品可能有多种用途，如有的农产品既可供消费者直接食用，又可用于食品加工，那么可分别对它们进行不同的定位。此外，当发现一种农产品有新的用途时，也可运用这种定位方法。

3. 根据农产品的特性定位　农产品的特性包括其种源、生产技术、生产过程、产地等，这些特征都可以作为农产品定位的因素。如“绿色农产品”、“无公害蔬菜”等都是根据农产品的特性进行定位。

4. 根据消费者的习惯定位　这是由产品使用者对产品的看法确定产品的形象，进行目标市场定位。

(二)农产品市场定位的步骤

农产品市场定位的实质是农业经营者取得在目标市场上竞争优势的过程。因此，市场定位的过程包括三个步骤。

1. 明确企业潜在的竞争优势　通过营销调研，了解目标顾客对于农产品的需要及其欲望的满足程度，了解竞争对手的产品定位情况，分析顾客对于本企业的期望，得出相应研究结果，从中把握和明确本企业的潜在竞争优势。

2. 选择企业的相对竞争优势　从经营管理、技术开发、采购供应、营销能力、资本财务、产品属性等方面与竞争对手进行比较，准确地评价本企业的实力，找出优于对手的相对竞争优势。

3. 显示独特的竞争优势　通过一系列的营销工作，尤其是宣传促销活动，把其独特的竞争优势准确地传递给潜在顾客，并在顾客心目中形成独特的企业及产品形象。为此，企业首先应使目标顾客了解、认同、喜欢和偏爱本企业的市场定位；其次，要通过一切努力稳定和强化目标顾客的态度，以巩固市场定位；最后，还应密切关注目标顾客对市场定位理解的偏差，及时矫正与市场定位不一致的形象。

三、农产品目标市场选择

(一)农产品目标市场及其条件

农产品目标市场是指农业企业或农产品营销组织决定进入并为其服务的农产品市场。农产品目标市场的选择，一般是在市场细分的基础上选择某一个或几个细分市场作为营销对象，但并不是所有的细分市场都能作为企业的目标市场。一般来说，目标市场应具备如下条件。

1. 要有一定规模和需求量 农产品目标市场首先应具有一定规模，因为农业企业进入一个新市场的成本相当高，如果市场规模过小，企业进入市场的收益不足补偿投资，这样的子市场就没有开发价值；另一方面，市场上要有一定的现实或潜在需求量，这样，企业才可能向市场提供相当数量的适销对路的、物美价廉的农产品，以满足消费需求，并获得盈利。

2. 有一定的购买力 当消费者具有现实的购买力时，便能将未满足的需求变成现实的需求，构成现实的市场。企业进入这样的市场后，才有足够的销售收入。因此，确定目标市场，首先要进行消费者购买能力分析，不具备购买力的市场，尽管有潜在的需求，也不能作为目标市场。在分析购买力时，不仅要分析其收入和经济实力，而且要研究消费者的不同消费倾向。

3. 未被竞争者完全控制 企业确定目标市场，不仅要研究市场规模、需求状况和购买力，还要分析和掌握竞争对手在该市场上的经营状况，尤其要考虑他们的经营战略。如果该市场未被竞争对手完全控制，企业进入市场后才能充分发挥优势；如果竞争者只是表面上控制了市场，而本企业实力又强，则依然可以设法挤进这一市场参与竞争，以竞争与协作并举，配合公共关系和行政等手段，力争在市场上占有一定的份额。

4. 营销者应具备相应的经营实力　作为目标市场，除了应具备上述条件外，更要考虑企业自身的经营实力。只有当营销者的人力、物力、财力及经营管理水平等条件具备时，才能将子市场作为目标市场。

(二)农产品目标市场策略

1. 农产品目标市场策略类型　企业选择的农产品生产范围不同，其目标市场的营销策略也不一样。一般地说，有以下三种类型。

(1)*无差异性策略*　在进行市场细分之后，不考虑各子市场的特性差异，而只注意各子市场需求方面的共性，把所有子市场即农产品的总体市场看作一个大的目标市场，只生产一种农产品并制定单一的市场营销组合，力求在一定程度上适应尽可能多的顾客需求。相对而言，消费者对农产品的需求差异不大，因而更适合运用无差异性市场营销策略。这种策略的优点是：可大批量地生产、储存、运输和销售，因而单位农产品的成本较低；另一方面，不用细分市场，经营方式简单，营销费用较低。其缺点是：满足不了农产品相对过剩情况下消费者需求的多样化，生产者的产品单一，在市场需求尚未得到满足的情况下，会引来众多竞争者，以至造成竞争过度；由于企业过分依赖单一产品，企业市场适应能力低，市场经营风险大。

(2)*差异性策略*　针对各细分市场中消费者对农产品的不同需求，生产不同的农产品，并采用不同的营销组合，以适应不同子市场需求。这种策略适用于从事多种经营的大型农业企业，小型农业生产者则不宜使用这种策略。这种策略的优点在于：通过生产多种农产品去满足不同消费者的需求，扩大总销售量，从而增加销售收入和利润。缺点是：生产复杂，投资大，单位产品成本高，营销费用高。

(3)集中性策略　集中性策略是指企业集中全部力量，只选择一个或少数几个子市场作为目标市场，生产一种较理想的农产品，实行专业化生产和营销，在较少的子市场上拥有较大的占有率。这种策略适宜于资源条件较差的企业或农业生产者，如开发特色农业，生产特色农产品。这种策略的优点是：把资源与能力集中于少数子市场，有利于迅速占领市场，提高新产品的知名度和市场占有率，可以节省营销费用，并能获得较高的投资利润率；当该农产品取得消费者的信任和偏爱时，便可迅速扩大市场范围。缺点是：市场狭窄，新产品单一，市场应变能力差。

2. 选择目标市场策略应考虑的因素

(1)企业实力　企业实力是选择目标市场策略应考虑的首要因素。企业实力主要包括财力、生产能力、技术开发能力以及经营管理能力等。如果实力较强，可采用无差异性市场营销策略或者差异性市场营销策略；如果企业实力较弱，则应采用集中性市场营销策略。

(2)产品的市场生命周期　产品市场生命周期的不同阶段，也影响目标市场策略的选择。在介绍期，市场上产品少，竞争者也少，此时宜采用无差异性营销策略或集中性营销策略为主。在成长期和成熟期，进入市场的产品增多，竞争者也多，此时应采用差异性营销策略。进入衰退期后，为保持原有市场，延长产品生命周期，则以集中性营销策略为主。产品生命周期见本书第四章相关内容。

(3)竞争状况　企业在选择目标市场策略时还必须考虑竞争者的情况。当竞争者少时，可采用无差异性市场营销策略；竞争者多，竞争激烈时，应选择差异性市场营销策略或集中性营销策略。在农产品相对过剩的时期，由于传统的无差异性市场营销策略致使农产品销售困难，竞争激烈，选择差异性市场营销策略或集中性营销策略有利于缓解竞争的压力。

(4) 市场特点　企业选择目标市场策略的目的是为消费者服务并争取顾客，因此，顾客购买农产品的行为特征是企业确定目标市场策略时必须考虑的因素。在农产品市场，普通农产品相对过剩，顾客对优质农产品和特色农产品则有特殊的需求，此时，实施差异性营销策略或集中性营销策略将大有作为。

(5) 市场营销宏观环境　一方面，国家的宏观政策影响着人们的消费行为，另一方面，农产品市场受国家政策的影响较大，因此，选择目标市场策略时必须考虑农产品市场营销的宏观环境。

第三节　农产品市场营销组合

农业经营者对农产品定位和目标市场选择以后，还要通过市场营销组合把所设计的定位传递给目标市场的消费者，有效的营销组合策略将使定位形象更加鲜明。

农产品市场营销组合是指农业经营者为了销售农产品以实现营销目标和进入目标市场而对可控制的各种营销因素的综合运用。

一、农产品市场营销组合的特点

(一)可控性

市场营销活动，除受宏观环境的影响外，还受企业本身可控制因素的制约，这些可控制因素又是市场营销的手段。市场营销组合就是对这些营销手段的综合运用。农产品经营者可根据目标顾客的需要，选择自己的产品结构和服务，制定销售价格，选择分销渠道和促销手段。但是，这些可控制因素必须适应企业的资源状况和外部环境的变化，这样才能制订出有效的营销组合方案。

(二)复合性

营销组合的每一个因素又包含若干小因素,形成各自的次组合。如产品因素包括质量、特色、品牌、规格等;价格因素又包括基本价格、折扣、信贷条件等;地点又包括渠道、实体分配等;促销又包括广告、人员推销、营业推广等。因此,营销组合是一个多层次的复合结构。企业在进行营销组合决策时,不但要求取得 6Ps 的最佳搭配,而且要实现它们内部的最优组合,使所有这些因素得到最佳搭配。

(三)动态性

市场营销组合不是一成不变的静态组合,而是一个千变万化的动态组合,只要其中一个营销组合因素或其亚因素发生变化,就会产生一个新的组合。如一家生产蔬菜的农业经营者,由原来生产普通蔬菜转向生产无公害蔬菜,由于产品因素发生变化,其他组合因素也相应地进行了调整,价格由低价调整为高价,地点由集贸市场销售改为在大型超市销售,促销则可选择运用多种手段。

二、农产品市场营销组合策略的影响因素

(一)目标市场特点

目标顾客的需求决定着市场营销组合的性质,所以必须分析目标市场各方面条件,先排除掉不能起作用或作用不明显的营销组合因素,再根据以下几个方面的条件,识别一个可能的目标市场对各个基本策略的影响,从而制定最佳的市场营销组合。

第一,目标市场上潜在顾客的情况,如年龄、文化水平、收入状况、分布密度等。

第二,消费模式和消费者行为。这些会影响产品的设计、包装、品种系列等策略,也会影响企业制定适应顾客需要、投其所好的促销策略。潜在顾客购买的迫切性、选购商品的意愿等会影响销售渠道的长度、宽度、销售服务标准和顾客愿意支付的价格水平。

第三，市场竞争的特点。这个条件影响市场营销组合的各个方面。如果市场处于垄断状态或是开发新的领域而竞争不激烈，仅用一种市场营销组合，就可以取得成功；如果竞争较充分，就意味有较多的竞争者和多种营销组合方案，可以找出最好的方案加以比较、分析和借鉴，对每一种市场营销组合的效益做出评价，从而选择最佳方案。

(二)宏观营销环境

农产品市场更容易受到宏观营销环境的影响，特别是国家的农业政策会对农业生产及农产品市场产生直接的影响。因此，宏观营销环境对农产品市场营销组合有直接的影响作用。

(三)资源状况

资源包括资金实力、技术、设备、专利、公众形象、员工技能、管理水平等，每个企业在资源方面都有同其他企业不相同的实力和弱点，企业市场营销组合必须充分利用本企业的长处，避免同那些具有类似实力的企业进行正面的直接竞争。

(四)市场营销预算

市场营销组合要耗费大量的财力，并牵涉到稀有资源的使用，如广告需要资金，组织销售队伍需人力，产品开发需要人、财、物等，且有周期性特点。在预算过程中，目标市场、国家的宏观政策和竞争对手市场营销组合都可能发生变化，因此，市场营销组合还要与市场营销预算取得动态平衡。

第四节　农产品营销策略

我国农产品从整体上讲已经出现了供大于求的状况，如果还停留在以前的老观念上盲目生产，不顾市场的变化，就会造成更为严重的产品过剩。而促进农民持续增收和最大限度拓展农村内部增收空间，都离不开农产品的营销。

为此需要采取相应的策略，包括农产品的产品策略、相应的价格策略、渠道策略和促销策略等（具体做法见后面各章），同时，从总体来说，还需要采取相应的整体策略。

一、协调联动

当前的农产品发展，靠某个企业、某个产品来带动是远远不够的。必须采用协调联动的方法，增加企业、产品的关联性、延伸性、精深性、增值性，以降低竞争成本，形成以"农产品的龙头企业带动—协会协调—半成品坯料加工—农户基地协同发展"的产业链，避免恶性竞争。这样才能形成以龙头加工企业带动种植户和养殖户种、养、加工，引领农民走上致富之路。

农产品只有通过组成联盟，才能使企业竞争力增强、规模效益显现、发展迅速。目前，我国农产品行业无序竞争，相互杀价现象严重。可通过成立协会来协调规范企业发展，通过行业分层次组成联盟，发挥集约优势、规范效应，增强行业、企业发展竞争力。

二、产业化经营

目前我国农户应发展农产品产业化经营，将生产、加工、运输，销售等环节联成一体，多层次提高农产品附加值。可以从根本上提高效益，减少市场风险，通过大型龙头企业的带动，发展农产品商品基地，使农民有比较可靠的市场销售保证，尽量避免农产品生产的盲目性。

三、拓宽营销渠道

在新经济和网络经济背景下，市场的需求日益个性化，对农产品营销渠道过程参入程度越来越高。

信息技术为异地交易提供了物质基础，便利的交通运输大大提高了农产品物流的速度。如江苏省无锡市就出现了网络购菜，人们足不出户，在家里或办公室轻点鼠标，到傍晚时分所需的菜都会准时送到指定地点，极大地方便了日益忙碌的人们，尤其受到广大没有时间逛菜场的白领阶层们的欢迎。

参与农产品加工，通过投资办厂，租赁乡企厂房、车间等方式开展农产品加工或委托加工，为下游企业开展初加工产品，为超市或专卖店开展定牌生产。从而促进更多的农产品加工转化，增加企业效益和农民收入。

四、现代流通方式

现阶段可积极发展农产品连锁经营和物流配送，适时发展冷链配送系统，在城市开设农产品连锁专卖店。扩大对超市、大专院校、餐饮业的农产品配送业务，形成在主产地采购，在城镇超市配送销售的农产品业务经营体系。

第四章 农产品营销的产品策略实施

第一节 农产品营销中的产品概念与生命周期

一、农产品概念

营销中的产品概念和传统意义上的产品概念不同。传统意义上的产品仅仅指看得见摸得着的实物,而营销中的产品指的是提供给市场,用于满足人们某种欲望和需要的一切有用物。农产品整体概念包含农产品的核心产品、形式产品和延伸产品三个方面。

(一)核心产品

核心产品是指消费者购买某种农产品时所追求的实际效用,是消费者真正要买的东西,是最基本的、最主要的部分。如消费者购买苹果是为了吃掉它,从苹果中获得各种营养。

(二)形式产品

形式产品是核心产品的实现形式,即向市场提供的农产品实体的外观表现。农产品的外观一共由五个标志组成:质量、特征、形态、商标和包装。农产品的实际效用必须通过具体形式才能实现。如黄元帅、红富士、青苹果等各种颜色的苹果的出现,不仅让人们体验了各种味道的苹果,而且在视觉上也得到更多的享受,因此消费者会为了购买产品的外在形式而愿意额外付出更高的价格。

(三)延伸产品

延伸产品指消费者在取得产品或使用产品过程中所能获得的核心产品和形式产品以外的利益，包括提供产品赊销、免费送货上门、保证售后服务、农产品知识的介绍、育苗技术指导等。消费者购买某种农产品，是为了满足某种需要，因而他们购买时希望能得到农产品附加的更多的服务。

二、农产品的生命周期

产品生命周期，是指产品从进入市场开始，直到最终退出市场所经历的市场生命循环过程。农产品只有经过研究开发、试销，然后进入市场，它的市场生命周期才算开始。产品退出市场，则标志着生命周期的结束。农产品的生命周期分为导入期、成长期、成熟期、衰退期四个阶段(图 4-1)。

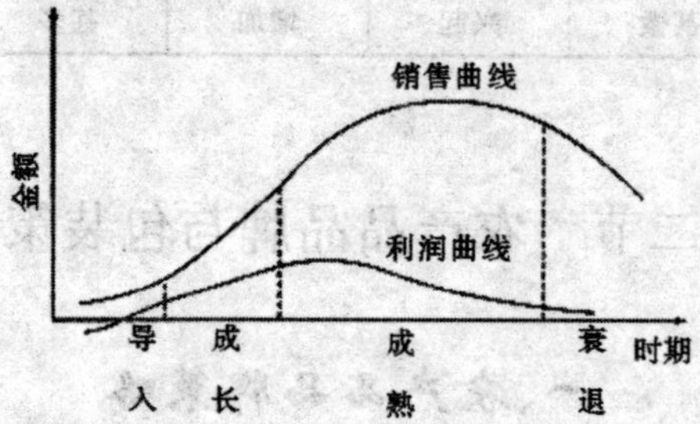

图 4-1　产品生命周期

导入期：又叫引入期，产品新上市，销售缓慢，由于引进产品的费用太高，初期通常利润偏低或为负数，但此时没有或只有极少的竞争者。

成长期：产品经过一段时间已有相当知名度，销售快速增长，利润也显著增加，但由于市场及利润成长较快，容易吸引更多的竞争者。

成熟期：此时市场成长趋势减缓或饱和，产品已被大多数潜在购买者所接受，利润在达到顶点后逐渐走下坡路，此时市场竞争激烈，公司为保持产品地位需投入大量的营销费用。

衰退期：这期间产品销售量显著衰退，利润也大幅度滑落，优胜劣汰，市场竞争者也越来越少。

在产品生命周期的不同阶段中，销售量、利润、购买者、市场竞争等都有不同的特征，这些特征可用表 4-1 概括。

表 4-1 产品生命周期不同阶段特征

	导入期	成长期	成熟期		衰退期
			前期	后期	
销售量	低	快速增大	继续增长	有降低趋势	下降
利　润	微小或负	大	高峰	逐渐下降	低或负
购买者	爱好新奇者	较多	大众	大众	后随者
竞　争	甚微	兴起	增加	甚多	减少

第二节　农产品品牌与包装策略

一、农产品品牌策略

品牌是建立产品差异化竞争优势的工具，是生产者与消费者有效沟通的桥梁，能给生产经营者带来更多的销售收入。因此，实施品牌营销是提高农产品竞争力的必然选择。农产品品牌营销要从品牌的定位入手，通过塑造品牌形象和品牌个性，实现差异化的品牌竞争优势；通过品牌的传播与维护，建立品牌认同与消费者忠诚；利用成功的品牌进行延伸与扩展，使品牌价值不断增值。

（一）做好品牌定位

品牌定位，是指为自己的品牌在市场上树立一个明确的、有别于竞争对手的、符合消费者需要的形象，其目的是在消费者心目中占据一个有利的位置。因此，品牌定位是对潜在消费者心理所下的工夫。成功的品牌定位是产品进入市场、拓展市场的助推器。

(二)塑造品牌形象

生产者如果既能在一个品牌的性格塑造中保持其一致性，同时又实现品牌与顾客的有效沟通和情感交流以达成独特的识别特性，就可以完成其品牌的性格塑造，为产品的差异化创造有利条件。

(三)加强品牌的传播与维护

在现代信息社会中，不重视推广宣传，就不能及时将有关品牌的信息传达给消费者和公众，品牌就难以被消费者和公众知晓，也就失去了创立品牌的意义。同时，在激烈竞争的市场经济中，不仅要创造品牌，更要注重保护品牌，才能使品牌长盛不衰。品牌建立过程，不能忽视进行商标注册，因为商标注册是品牌合法化的标志，也是品牌获得法律保护的基础。如果品牌商标不进行注册或不及时注册而被他人抢注或冒用，不但商标价值大打折扣，更重要的是会损害品牌产品的形象，影响生产者的声誉。由于注册商标有地域性特点，所以有志于国际市场的农产品生产经营者，还应及时在国外的有关机构注册。

(四)积极采用品牌延伸与扩展策略

品牌延伸与扩展是指利用已获成功的品牌推出新产品，其最大优点是可以充分发挥成功品牌的效应，迅速推出新产品，省心省力，产品成功的概率也会增大。

二、农产品包装策略

农产品包装是为在流通过程中保护产品、方便贮运、促进销售，按一定技术方法而采用的容器、材料及辅助物等。也指为了达到上述目的而采用容器、材料和辅助物的过程中施加一定技术方法等的操作。目前，包装已成为强有力的营销手段。设计良好的包装能为消费者创造方便价值，为生产者创造促销价值。

(一)类似包装策略

对生产的产品采用相同的图案、近似的色彩、相同的包装材料和相同的造型进行包装，便于顾客识别出本企业产品。对于忠实于本企业的顾客，类似包装具有促销作用，还可节省包装的设计、制作费用。但类似包装策略只适宜于质量相同的产品，对于品种差异大、质量水平悬殊的产品则不宜采用。

(二)再使用包装

指包装内的产品用完后，包装物还有其他用途。如精美的食品盒可被再利用。这种包装策略可使消费者感到一物多用而引起其购买欲望，而且包装物的重复使用也起到了对产品的广告宣传作用。但要谨慎使用该策略，避免因成本加大引起商品价格过高而影响产品的销售。

(三)附赠包装策略

积攒商品包装物附赠奖券或实物，或包装本身可以换取礼品，吸引顾客的惠顾效应，导致重复购买。

(四)改变包装策略

即改变和放弃原有的产品包装，改用新的包装。由于包装技术、包装材料的不断更新，消费者的偏好不断变化，采用新的包装以弥补原包装的不足，但在改变包装的同时必须配合好宣传工作，以消除消费者以为产品质量下降或其他的误解。

(五)更新包装策略

更新包装，一方面是通过改进包装使销售不佳的商品重新焕发生机，重新激起人们的购买欲；另一方面是通过改进，使商品顺应市场变化。有些产品要改进质量比较困难，但是如果经常变一变包装，给人带来一种新鲜感，销量就有可能上去。

(六)复用包装策略

复用是指包装再利用的价值，它根据目的和用途基本上可以分为两大类：一类是回收再利用，如产品储运周转箱、啤酒瓶、饮料瓶等，复用可以大幅降低包装成本，便于商品周转，有利于减少环境污染。另一类是商品使用后，其包装还可以作为其他用途，以达到变废为宝的目的，而且包装上的企业标识还可以起到继续宣传的效果。这就要求在包装设计时，考虑到再利用的特点，以保证再利用的可能性和方便性。如瓷制酒瓶可以用作花瓶，用手枪、熊猫、小猴等造型的塑料容器来包装糖果，糖果吃完后，其包装还可以作玩具。

(七)绿色包装策略

在包装设计时，选择可重复利用或可再生、易回收处理、对环境无污染的包装材料，容易赢得消费者的好感与认同。如用纸质包装替代塑料袋装，羊毛材质衣物中夹放轻柔垫纸来取代硬质衬板，既美化了包装，又顺应了发展潮流，一举两得。

(八)开窗式包装

开窗式包装策略是指在包装物上留有“窗口”，让消费者通过“窗口”来直接认识和了解产品，其目的在于直接让消费者体会、认识产品的品质。

(九)分量式包装策略

分量式包装策略即对一些称重产品，根据消费者在购买时间、购买地点和购买量不同采用重量、大小不同的包装，也有一些价格较贵的产品，实行小包装给消费者以便利感，还有一些新产品，为让消费者试用而采用小包装，其目的在于给消费者以便利、安全感。

(十)等级式包装策略

由于消费者的经济收入、消费习惯、文化程度、审美眼光、年龄等存在差异，对包装的需求心理也有所不同。一般来说，高收入者、文化程度较高的消费层，比较注重包装设计的制作审美、品位和个性化；而低收入消费层则更偏好经济实惠、简洁便利的包装设计。因此，企业将同一商品针对不同层次的消费者的需求特点制定不同等级的包装策略，以此来争取不同层次的消费群体。

（十一）礼品式包装策略

这种包装策略是指包装华丽，富有欢乐色彩，常冠以“福”、“禄”、“寿”、“喜”、“如意”等字样及问候语，其目的在于增添节日气氛和欢乐，满足人们交往、礼仪之需要，借物寓情，以情达意。

第三节　农产品的新产品开发与创新

农产品和任何事物一样，有生命周期。因此，企业不能只顾经营现有的产品，而必须防患于未然，采取适当步骤和措施开发新产品。

一、新产品的概念

（一）全新产品

指应用新原理、新技术、新材料、新结构制造的前所未有的产品。如转基因大豆等食品的发明。像这样的新产品是极为难得的。因为一项科学技术上的发明从理论到技术，从实验室到工业生产，需要经历很长时间，花费巨大的人力和资金，绝大多数企业难以提供这类新产品。

（二）换代新产品

主要指在原有产品的基础上，部分采用新技术、新材料制成的性能有显著提高的新产品。例如，“红冠龙”抗病西瓜是在西瓜枯萎病和炭疽病抗性人工接种鉴定筛选及其遗传规律研究的基础上，杂交组合而成，其品质、抗病性、丰产性、瓤色均优于对照品种西农8号。

(三)改进新产品

这是指对原有产品在结构、包装或款式等方面做出改进的新产品。如新疆哈密瓜过去只能鲜销和做成哈密瓜干,为扩大市场,又开发出瓜脯、瓜酱、瓜汁等,这类产品与原有产品的差距不大,进入市场后也容易为消费者所接受。但由于这种创新比较容易,企业之间的竞争也就更加激烈。

(四)仿制新产品

这是指对市场已有产品仿制后加上企业自己的品牌和商标后第一次生产的产品。从市场竞争和企业经营上看,在新产品的发展中,部分仿制和全面仿制是不可避免的。仿制产品,能缩短产品开发的时间,降低设计成本,同时又能保证市场接受。如山东寿光市的西红柿,原来都是大果型的品种,近年来引进了以色列"圣女"、"朱丽"等樱桃西红柿小果型品种,其性状好,口感佳,深受消费者喜爱。但由于仿制产品需要付出一定的代价购买专利,从中得到的收益不一定很大。

二、新产品开发的原则

为使新产品尽可能成功和发展,满足市场要求,新产品开发应遵循以下原则。

(一)新产品必须有市场潜力

新产品开发是从营销观念出发所采取的行动,因此首先必须是适应社会经济发展需要,适销对路的产品。新产品要符合以下要求。

1. 有特色　包括样式新、功能全或高能化等。新产品应给消费者以特殊的感受,使其产生购买欲望。尤其在市场上产品品种繁多,消费者信息有限的情况下,新产品有特色才能吸引消费者。

2. 节能、小型、标准化　新产品能耗小,可以减少消费者使用成本。小型化则是在功能不变的情况下能细小轻便,便于使用,或者是体积重量略增而功能大大提高。标准化则是指产品结构、形式等力求精简、标准,达到产品系列化、标准化、通用化,便于使用,如西瓜小型化、西红柿微型化。标准化生产满足了顾客求新、求方便以及生产集约化的要求。

3. 使用安全、质量可靠 新产品必须有一定的安全性,保证常规使用不会给消费者造成伤害。消费者对新产品缺乏了解,产品中的一些安全隐患因为新也不易察觉,因此,新产品开发必须严格遵守国家的有关规定,经受各种测试和检验,实验成熟后再推向市场。同时新产品不应是假冒伪劣产品,应保证使用质量,维护消费者权益。无公害蔬菜、水果之所以受到顾客的欢迎,与其遵循安全可靠原则、满足市场需求有很大关系。

(二)新产品开发必须有开发和生产能力

新产品开发是一项高风险、高投入的活动,不能盲目进行,而必须同时考虑开发能力。要研究新产品研制出来后,企业的生产条件(资金、技术、原材料等)是否具备。如果有了新产品而不能生产,新产品开发的经济效果就会大大降低。

三、新产品开发的过程

(一)产品构想的形成

产品设想来源于各个方面。一是顾客,可以通过直接向顾客调查以及接待顾客来信来访,了解他们的需求;二是科技人员,他们的科技攻关对企业开发新产品非常重要;三是竞争对手,从竞争对手的产品中可以看出哪些产品受顾客欢迎;四是企业的推销人员和经销商,他们经常和顾客接触,因此他们了解市场需求;五是发明专利权代理人、大学及科研机构、市场营销研究机构等。不管构想来自哪里,其产生不外乎四种方式:灵感、偶发事件、顾客需求与创造技巧。

(二)构想的筛选

在形成对新产品构想的基础上，必须对出现的新产品构思进行筛选，以便将目标集中在有开发前途的产品上。在对新产品构想进行筛选时，既要防止对那些好设想的潜在价值估计不足，以至漏选而失去机会，又要防止误选了缺乏营销前途的设想，导致失败。

(三)概念产品的形成与检验

筛选后的构想需经过进一步的开发程序，以形成具体的概念产品。概念产品形成以后，还要进行概念的检验。可邀请潜在的顾客及专家对概念产品进行讨论评价，根据他们提出的问题和意见，与相似产品的属性相比较，最后通过实物模型表达出来。

例如，打算生产一种口味鲜美的营养奶制品，这种产品既有较高的营养价值，又具有特殊鲜美的味道，食用简单方便，只需加开水冲饮。这是一种奶制品构想，为了形成鲜明的产品形象，则需要转化为产品概念。为此，在产品概念中应回答以下问题：①目标市场消费是儿童、成人、病人还是老人？②使用者从产品中得到的主要益处是营养、方便、美味、提神还是健身？③适合在早餐、午餐、晚餐还是夜宵饮用？根据这些问题，就可以形成这样几个明确的产品概念：一是为中小学生提供的一种快速早餐饮料，提供充分的蛋白质、维生素等营养价值；二是一种可口的快餐饮料，供成年人中午饮用提神；三是一种康复饮品，适用于老年人夜间就寝时饮用。

(四)经营分析

对已基本定型的概念产品进行分析论证，主要分析其可能的成本、需求量和盈利水平。成本分析包括生产成本和推销成本，如进行新产品生产所需要的投资和直接、间接生产费用，按照计划的推销方式所需要的推销成本。需求分析则是要测算市场需求潜量与销售潜量以及消费者购买能力与购买欲望。只有同时具备了购买能力和购买欲望，才能实现销售。应对以上需求分析、成本分析和盈利能力分析进行综合权衡后才能正式做出开发新产品的决策。此外，还要考虑“机会成本”问题，即由于将资金投入某项新产品开发，而不能用在其他用途所要失掉的利益。

(五)制出样品

这是把概念产品转化为实物产品的试制过程。在这个阶段，既要制出样品实物，又要设计好商标及包装，还要进一步检查新产品中存在的问题，检查与判断概念产品在技术和商业上的可行性，以决定是否继续试制或及时加以改进。

(六)市场试销

新产品的样品经过部分顾客试用基本满意后，企业可根据改进后的设计进行小批量试生产，在有选择的目标市场中做检验性试销。常见的试销方法是先向消费者提供样品免费试用，然后再以低价提供产品给消费者，与此同时，也将竞争对手的产品一起提供给消费者。如此重复3～5次，来检验产品效果。通过对销售波结果的分析，评价消费者对产品的满意程度，从而决定是否正式生产。

(七)正式生产，投放市场

新产品试销或试用成功后，应根据收集到的顾客意见，进一步提高产品的功能和质量，对产品的整体设计再做进一步修改，然后，即可大批量生产，这时企业要注意以下几个问题。

1. 正确选择投放市场时间　投放时间对新产品能否成功进入市场相当重要，时机不对，可能导致企业的整体利益受损。一般可有两种选择：一是新产品试制成功后，以最快的速度把产品推向市场；二是新产品试制成功后，并不急于投放市场，而是等待销售时机。

2. 正确选择投放地区　新产品可以先向某一地区市场推出，进行集中性的宣传，取得相当的市场占有率以后，再扩大到其他市场。

3. 正确选择目标市场　新产品的潜在消费者有四种类型:最先采用者、大量购买者、有影响的带头购买者和对价格敏感的购买者。企业应根据新产品的特点,选择最有潜力的消费者群,作为自己的目标市场。

第五章 农产品价格策略实施

第一节 农产品定价目标与定价程序

农产品价格是影响市场需求和购买行为的主要因素之一,也直接关系到农产品生产经营者的收益水平。农产品价格制定得恰当,会促进销售,提高市场占有率,增加农产品生产者和经营者的盈利。而农产品价格定得过高,会制约需求,影响销售;定得过低,会影响收益水平。因此,价格策略是农产品市场营销活动的重要组成部分。

一、农产品定价目标

农产品定价目标是农产品生产经营目的的具体化和数量化。农产品定价目标受经营者的市场定位决策的制约,市场定位不同,其定价目标也不同。当选择了农产品目标市场并对市场进行定位后,定价策略也就明确了。农产品定价目标越明晰,制定其价格就越容易。农产品定价目标主要有以下几点。

(一)国家需要

农产品与工业品不同,有其特殊性。尤其是粮食等基本农产品,不仅是人类生存与发展的基本生活资料,而且是轻工业、食品工业等行业的主要原料来源,在食品短缺情况下,国家为了维系社会的安定和国民经济的稳定,需要掌握一些重要农产品的价格、供需数量等。农业生产者和农产品经营者均无权对这些农产品定价,由国家根据当时国民经济与社会发展的需要而定价。

(二)政府对农业生产者的利益保护

政府为支持和保护农业发展,维系农产品的正常生产供应和市场价格水平,需要对农业生产者给予价格补贴,限制农产品收购的最低价格,如市场保护价等。

(三)维持或提高市场占有率

为了保持原有市场份额或提高市场份额,需要生产经营者在较长时期内维持低价,进行促销,力求排挤竞争对手,保持其农产品的销售量与销售额稳步增长;或者应付竞争对手的进攻;或者防止新的竞争者进入市场。以市场占有率为定价目标,农产品生产经营者需分析自身的竞争实力和市场条件。若没有足够的资金和成本优势为基础,或生产能力与市场份额的扩大不相适应,或所生产的农产品生命周期过短,或市场需求容量不大,就不宜以这一目标作为定价目标。

(四)目标投资收益

在正常情况下,每一生产经营者都会追求一定的利润目标。农产品生产经营者可供选择的利润目标一般有三种。一是长期利润目标。此时生产经营者制定的正常的行业价格,但却生产优质的农产品,将来可渗透、打入到竞争者的市场中去。二是最大当期利润目标。一般是根据已知的需求和成本情况,制定一个在当季或当年可获得最大利润的价格。三是固定利润目标。农产品生产经营者在投资前制定一个具体的利润目标,以保证获取固定的投资收益。

(五)求生存,应对竞争

当农产品生产经营者受到生产能力过剩、市场竞争激烈和消费需求变化等因素困扰时,往往会把求生作为主要的追求目标。此时,需注重收集市场上同类产品的质量和价格资料,将竞争产品与自己的产品进行比较,以低于竞争者的价格出售,必要时还可低于成本价销售。这种定价策略更适合于那些产品无质量优势,但综合经济实力强或市场定位富有特色的农业生产经营者。

（六）树立产品形象

以产品在公众心目中的形象为定价目标可收到意想不到的效果。实现这一目标，需综合运用多种营销策略与价格策略相互配合，不仅使价格水平与消费者对价格的预期彼此相符，而且力求使这一信息得以广泛传播。如绿色食品、保健食品等优质农产品，宜实行较高价格，树立高品质形象。

二、农产品定价程序

在选择合适的定价目标后，需要对农产品市场需求、成本、市场价格进行测定，然后确定最终价格。

（一）测定市场需求

主要测定目标市场上消费者对拟投放市场的农产品价格的主观评价，不同营销变量组合对应的农产品需求量，不同价格条件下农产品的需求量和需求价格弹性，为后续定价的顺利进行提供依据。

（二）测算成本

根据成本类型，分析不同生产条件下生产成本的变化，估算不同营销组合下的农产品成本，以此作为定价的依据之一。

（三）分析竞争者的产品与价格

通过调查顾客对市场上竞争者销售的农产品的态度、价格等办法了解这些情况。重点调查分析同一产品，竞争者的产品质量、价格水平、可能做出的反应、替代产品的生产等有关情况。

（四）选择定价方法，确定最终价格

获取上述资料后，产品价格区间就基本上可确定下来。产品成本决定了产品价格的底线，竞争者的价格和代用品的价格以及自己产品所独有的特色为估算其最高价提供了依据。产品价格上下限区间确定后，还需参考营销组合的其他因素，并且考查价格水平是否符合国家有关的政策法规，以及对自身市场经营的影响，在此基础上最终确定价格。

第二节 农产品定价方法

定价方法是生产经营者在特定的定价目标指导下，对农产品价格进行计算的具体方法。根据价格与成本、需求的关系，以及竞争者对价格决策影响的分析，营销者所定的价格既不能低得无法盈利，又不能高得没有市场，而是要介于其间。一般地定价时需考虑以下因素：产品成本是定价的下限；竞争者的价格和代用品的价格是定价的定向点；消费者对产品独特性的评判是定价的上限。定价方法主要包括成本导向定价、需求导向定价和竞争导向定价。

一、成本导向定价

成本是定价的下限。以成本为依据，加上预期利润来确定价格的成本导向定价法是营销者最常用、最基本的定价方法。

(一)目标利润定价法

这种定价方法是把所有为生产某种产品而发生的耗费均计入成本，再按一定的预期利润率来决定价格。计算公式为：

单位产品价格＝(总固定成本＋总变动成本)/产品数量＋单位产品预期利润

例如，某养殖场养殖大闸蟹总固定成本 300 万元，每只大闸蟹的变动成本 4 元，预计销售量 50 万只，平均每只重约 150 克，单位产品预期利润为 3 元，其加成价格计算过程如下：

单位成本＝4＋(3 000 000/500 000)＝10(元)

单位产品价格＝10＋3＝13(元)

(二)成本加成定价法

这种定价法是在成本之上加一个以成本百分率计算的加成来

制定价格，适用于那些只经营一种或少数几种产品的定价上。还是上面的例子，如果销售利润率为20%，则：

加成价格＝10/(1－20%)＝12.5(元)

该养殖场将每只大闸蟹定价为12.5元售给批发商，每只盈利2.5元。

这种定价方法中，加成的大小随产品的不同而不同。一般地，季节性强的农产品加成往往较高，以补偿当季无法完全售出的风险。特殊品、周转慢的产品、储存和搬运费用高的产品、价低零星的产品、易腐易损的产品，也常需有较高的加成。常用品的加成则较低。此外，同一产品在不同流通环节上的加成也不相同，越接近最终消费者，加成越高。这是由于产品越接近最终消费者，该产品销售单位的销售额就越小，同时需要对购买者提供更多的个人服务或给予更多的注意力，要有较高的加成才能补偿。例如，生猪饲养者的加成一般在10%～15%，收购屠宰批发者的加成为15%～20%，猪肉零售的加成为25%～30%。

(三)经验曲线定价法

许多产品，每当其生产和销售增加一倍时，单位成本便会降低10%～30%。由于价格经常随着经验曲线成本的下降而下降，价格迅速下降是完全可能的。例如，我国的鸡蛋价格，由于养鸡场增多和规模扩大，产量和销售均比1990年以前有较大增加，价格也由1990年的每千克8～10元，降至现在4～6元，有些超市甚至卖到3元/千克。

二、需求导向定价

需求导向定价是根据消费者对产品价格的感受和需求强度来确定产品的价格，而不是根据产品的成本来定价；其核心是寻求消费者认同的价值，该价值通过与同类产品功能的比较来确定，确定的前提条件是农产品生产经营者能准确估计购买者的价值，以及能采取措施提高购买者对产品价值的认可程度；其关键是正确地估计消费者的认知价值，如果估计过高，就会导致定价过高，影响产品的销售；如果估计过低，就会导致定价过低，减少了应有的收益。

例如，在一些超市货架上摆放着某公司生产的武昌鱼成品，开包即食，每袋装一条鱼，重约 400 克，但标价达 11.90 元。这种鱼自进到店里以来，摆在货架上已有月余，但没有售出几袋，因为这种鱼在市场上的鲜活价格每千克仅 6～7 元。显然，生产加工这种鱼的公司过高地估计了消费者的认知价值。

按照需求导向定价原理，可采取以下几种方法。

(一)市场撇脂法

这种定价方法如同从牛奶中撇取奶油一样，利用顾客对新产品价格意识不太强烈，愿意花高价购买这些新产品的消费心理，从中获取高额回报。当新产品投入市场时，将其价格尽可能定得高一些，利用新产品的特点和无竞争对手的有利条件，尽可能在短期内赚取更多的利润，尽快收回投资。以后，随着产量和销量的增加和成本的降低，再逐步降低价格。市场撇脂定价法是一种追求短期利润最大化的营销策略，可在短时期内获取高额利润，迅速补偿研究开发费用，并掌握调价的主动权。

但这种方法不是在任何情况下都可运用，一般需具备三个条件：一是产品的质量与较高的定价相符；二是有足够多的顾客能接受这种高价并愿意购买；三是短期内不会出现竞争者。20 世纪 80 年代、90 年代，湖北仙桃市某养殖场利用某水科所技术，实行人工养殖甲鱼获得成功。每 500 克重的甲鱼，在人工养殖条件下，仅需 350 天。当时售价接近野生甲鱼，每千克高达 300～400 元。该养殖场当年就收回全部投资，第二年获利 170 万元，第三年获利 260 万元。随着养殖技术的成熟，产量和销量不断增加，同类养殖场纷纷建立，竞争者增多，该养殖场便不断下调甲鱼价格，每千克降至

30～40 元。

(二)市场渗透法

这种方法与市场撇脂定价法正好相反，是将投入市场的新产品的价格定得尽量低，使新产品迅速被消费者接受，迅速打开和扩大市场，在价格上取得竞争优势。其优点是利用雄厚资金，大批量投产，单位成本较低，产品需求弹性大，通过薄利多销占领市场，打开销路，与对手竞争。其缺点是利润微薄，需较长时间才能收回投资，并且容易在消费者心目中造成低档产品的印象。

采用这种定价法需具备两个条件：一是产品价格的波动会较大幅度地影响产品销量；二是生产和分销成本会随着产品和销量的扩大而不断降低。

(三)地位标志法

地位标志定价法就是给产品制定一个高价位，以吸引地位意识强烈的消费者购买此产品。内蒙古伊利集团生产的伊利牌纯牛奶、乳酸奶的价格高出其他厂家同类产品价格的 15%～30%，但销路不仅没有减少，反而增加。这是因为伊利牌纯牛奶在消费者中树立了良好的质量品牌信誉和威望。

三、竞争导向定价

竞争导向定价法就是依据竞争者的价格来定价，视其产品质量和需求情况，或与主要竞争者价格相同，或稍高或稍低于竞争者的价格。其特点是只考虑竞争者价格的高低，而不考虑产品成本和需求的变化，使产品价格保持在一个与竞争者价格相应的水平上。这种方法主要有两种定价方式。

(一)随行就市定价

随行就市定价即按照市场价格水平来定价。如粮、棉、油等初级产品，在质量、交货期等相差不大的情况下，如果把价格定得高于市场价，产品就难以销售出去；如果把价格定得低于市场价，又会招致竞相削价，不仅伤害了自己，也伤害了同行。因此，为了获得稳定、合理的收益，少担风险，与同行业保持同一价格水平。

（二）差别定价法

与随行就市定价法相反，产品差别定价是通过不同的营销策略，使产品在消费者心目中树立起不同的产品形象，进而根据自身特点，选取低于或高于竞争者的价格。这种方法的运用首先要求营销者具备一定的实力，在某一行业或某一区域市场占有较大的市场份额，消费者能够将其产品质量、功效与自身的实力联系起来；其次，在质量大体相同时，尤其是对于要树立“质优价高”形象的农产品，需要支付高昂的宣传费用。

第三节 农产品价格策略

农产品生产经营者为其产品定出基本价格后，在营销过程中还需要根据市场的供求状况、交易条件、竞争对手情况等因素的变化，及时调整产品价格，掌握营销的主动权。

一、价格折扣与折让

为了刺激或报答顾客的某些行为，如预先付款、批量购买、淡季购买等，营销者通常要对基本价格作适当的调整，实行折扣与折让价格，即让利给顾客。常见的折扣与折让方式有以下几种。

（一）现金折扣

这种方式是对那些及时付清账款的购买者的一种价格折扣。有一种折扣方式称为“1/10，信用净期 20”，其意思是购买者应在 20 天内付清货款，但如果在交货后 10 天内提前付清的话，则可打 1%的折扣。这种折扣不是对某固定的客户，而是保证给所有符合条件的客户。这样的折扣在许多行业已成惯例，有助于改善销售商品的现金周转和减少赊欠和坏账损失。

(二)数量折扣

这种方式是销售商因买方购买量大而给予的一种折扣。例如购买10千克以内的苹果,每千克价格为2元;购买10千克以上,则每千克1.8元。同样,数量折扣也必须是给全部的顾客,但是折扣额不能超过销售者大量销售所节省的销售、储存和运输等成本。数量折扣的好处是可激励顾客从自己手中购买更多的产品。

(三)季节折扣

这种方式是对在淡季购买产品的顾客降低价格,以维持均衡生产经营。

(四)功能折扣

又称贸易折扣,是生产者和加工商根据中间商的不同类型和不同的分销渠道提供的不同服务给予不同的折扣。但是,生产、加工商必须在每一交易渠道中提供相同的功能折扣。

(五)折　让

折让是根据价目表给顾客的价格折扣的另一种形式。这是卖方为了报答经销商支持销售活动所支付的款项或给予的价格折让。如在水果的营销中,卖方常给经销商一定的折让,以答谢这些经销商销售本公司水果所付出的劳动。

二、差别定价

差别定价是根据交易对象、交易时间、交易地点等的不同,对某一种产品制定出两种或两种以上不同的价格,以满足顾客的不同需要,从而达到扩大销售、增加收益的目的。差别定价法的形式主要有以下几种。

(一)顾客细分定价

这种方式是对不同的顾客采取不同的价格。如农业生态游,对本地居民和外地旅游者实行不同的门票价格;即使是本地旅游者,也有政府部门与非政府部门之分。这主要是因为政府部门经常会将所接待的客人带至生态旅游区,客源稳定充足。

(二)产品种类定价

这种定价方式是对不同花色样式的产品制定不同的价格。如同样的皮蛋,散装每枚0.35～0.45元;袋装并印上商标、厂址等简包装,每枚可卖到0.50～0.60元;4枚或8枚纸盒简包装,每枚可卖到0.60～0.70元;50枚精包装,每枚高达2.40～3.00元。

(三)形象定价

有些生产经营者根据不同的形象给同一种产品定出不同的价格。例如果汁生产商将其所生产的同种果汁装入不同造型的瓶子,分别给予命名,并制定不同的价格。

(四)部位定价

这种定价方式是对产品的不同部位制定出不同的价格,即使这些部位成本是一样的。通常是根据消费者的喜好来定,消费者比较喜好的部位,定价高,不太喜欢的部位,定价就低些。如一只鸡的翅膀、大腿、鸡胸、鸡头、鸡爪、鸡脖子,不同的部位其价格也不同。

(五)时间定价

在这种定价方式下,不同季节、不同日期甚至在同一天的不同时间,同种产品可以有不同的价格。在鲜活农产品销售中,经常采用这种定价方式。

三、促销定价

贪图便宜是许多消费者的一种潜在心理状态,“一个便宜,三个爱”。营销者抓住这种心理,常将要出售的产品以低价招徕顾客。通常利用节假日和换季时节进行所谓的“优惠酬宾大减价”和“买一送一”活动,把部分产品按原价打折售出,以促进销售。促销定价常采用以下方法。

(一)牺牲品定价

超级市场和粮油副食商店以少数品种作为牺牲品，将其价格定低，以吸引顾客进店，并希望这些顾客在购买“牺牲品”的同时，也购买其他正常标价的商品。

(二)特别事件定价

销售者在某些特定的时间、场合、节日或社会活动日，将某些商品价格作较大幅度削降，以吸引大量的顾客。如在端午节，一些超市就将粽子降价销售。

(三)心理定价

心理定价就是在制定价格时，根据不同类型消费者的购买心理来制定价格。如尾数定价，就是对产品的定价不取整数，保留或有意制造尾数，这是因为保留尾数可以降低一位数价格，给人一种“便宜”的心理感觉。譬如 500 克猪肉的价格定为 9.9 元，而不是 10 元。对许多日用品，如大米、食用油，由于消费者经常购买，在一段时期内形成了一种习惯价格。销售这类商品宜按照习惯定价，不能频繁而又大幅度地变动价格，否则，会引起消费者的不满。

四、地理定价

地理定价是指农产品生产经营者在产品的销售中，根据不同地区的特点，制定不同的价格。一般地，产品在本地销售，成本要低些，在异地销售，要多出运输、装卸、仓储、保鲜、保险等费用以及变质损失，这时就需要具体考虑：是否应向异地顾客收取高价，以收回较高的成本和潜在损失，但冒失去这一地区市场的风险；是否不论地区远近，对同一产品规定同样的价格销售。对此，有五种定价方式。

(一)FOB 产地定价

这种定价方法是指卖方负责将产品装运到产地的某种运输工具上交货，并承担此前的一切风险和费用。交货后的一切风险和费用则由买方承担。这样，每位顾客都各自负担从产地到目的地的运费。这种定价方式有可能失去远方的顾客，因为路程太远，定价就必然高，销售也就困难。

(二)统一运送定价

与FOB产地定价相反，这种定价方式没有地区差价，对同种产品在不同地区均实行统一价格，运费按平均运费计算。其优点是简便易行，并可开拓异地市场。但对本地和近地区的市场不利。

(三)区域定价

这种定价方式是将产品的销售市场划分为两个或两个以上的区域，在每个区域内定一个价格。一般对较远的区域定价稍高。

(四)基点定价

这种定价方式是把一些城市作为基点，按顾客所在地到基点的距离远近收取运费，而不管货物实际上是从何地起运。

(五)消化运费定价

这种方式是生产经营者把全部或部分实际运费承担下来，而不向或少向买方收取运费。这样做的依据是，如果可以获得更多的生意，销售量和销售额会大幅增加，平均成本便会降低，从而可以补偿额外的费用支出，这些运费便可在内部消化掉。

第六章　农产品营销渠道策略实施

第一节　农产品营销渠道模式

农产品营销渠道是指农产品从生产者向消费者转移过程中，由商业中间人连接的通道。在多数情况下，需要经过包括各种批发商、零售商、商业服务机构（交易所、经纪人）在内的中间环节。

根据农产品本身的特点，农产品营销渠道有以下几种常见的模式。

（一）生产者→消费者

又叫直接渠道，是指生产者把农产品直接出售给消费者，不经过任何中间环节，是最直接、最简单和最短的营销渠道。例如，农民在市场上设摊点，将自己的蔬菜、水果、肉蛋等农产品直接销售给消费者。这种方式简单，易于操作。但是，由于消费者居住分散，且购买数量少，采用这种方式进行销售，涉及的范围会受到限制。

（二）生产者→零售商→消费者

也叫一层渠道，是指生产者将农产品出售给零售商，再由零售商转卖给消费者。例如，水果上市旺季，果农将水果整车运往城镇的水果店或果摊，再由这些水果店或摊点销售给顾客。

（三）生产者→批发商→零售商→消费者

我国大部分农产品都是通过这种渠道流通。生产者将农产品出售给批发商（可以有几道批发环节），批发商再转卖给零售商，最后由零售商出售给消费者。

(四)生产者→收购商→批发商→零售商→消费者

这种模式是在生产者和批发商之间又增加了一道收购商环节。农产品的收购商有两类：一类是基层商业部门设立的独立核算的收购站和供销社，他们收购农副土特产品，然后交给市、县商业批发企业；另一类是个体商贩，他们收购农副产品，然后转卖给批发企业。

(五)生产者→加工商→批发商→零售商→消费者

由于有些农产品必须经过加工才能使用，生产者将农产品出售给加工商，而不是收购商。采用这种模式，需要在农产品产地设有农产品加工厂，便于生产者直接出售，降低运输成本和储存成本。

(六)生产者→收购商→加工商→批发商→零售商→消费者

这种模式最适合需要加工的农产品。例如，在生猪集中产区，农村食品收购站将收购的生猪转运至肉联厂屠宰、加工；在鹅鸭集中产区，分散在农村各地的禽羽收购商，将零星收购的禽羽卖给羽绒厂加工成羽绒制品。

(七)生产者→代理商→收购商→加工商→批发商→零售商→消费者

这种模式是在生产者和批发商之间多增加了代理商、收购商和加工商。例如，在我国有些农村地区，生猪收购环节中专门设置有代购代销员，他们的身份是农民，但为农村食品收购站工作，按其收购额的一定比例提取手续费作为报酬。

以上是农产品营销活动中最基本的营销渠道模式。在实际生活中，农产品营销渠道是错综复杂的。它和产销形势、供求状况的变化密切相关。

第二节 农产品批发与零售

一、农产品批发商

农产品批发商是把农产品卖给零售商的中间商。

(一)农产品批发商的特点

农产品批发商具有以下特点:交易次数较少,但是每次交易数量都很大,并且以批发价格出售,交易对象相对比较稳定;交易的内容比较稳定,因而对交易产品的规格、性能等有比较全面的了解,通常具备一定的专门知识;一般都拥有比较雄厚的周转资金,可以承担比较大的风险;活动范围广,可以把相距很远的甲地产品售往乙地;对市场变化的反应敏感;进货渠道比较稳定,与生产者关系更为密切;农产品批发商批发的商品中,有很大一部分是原始产品或初级产品。

农产品批发商处于生产者与零售商之间,起着纽带和桥梁作用,而且随着经济社会化和现代化,农产品的交易规模越来越大,农产品批发商所起的作用也越来越突出。

(二)农产品批发商的类型

1. 全面服务批发商 全面服务批发商是介于生产者和零售商之间,为双方提供全面服务的批发商。全面服务批发商既可为生产者提供农产品的大量销售服务,也可为众多的零售商提供大量购买服务,起到了很好的桥梁作用。全面服务批发商接触范围广泛,单位营销费用比生产者和零售商都少,是农产品批发商中最普遍的形式。

2. 部分服务职能批发商 部分服务职能批发商是执行一部分服务职能的批发商,常被称为“二道贩子”。他们购进的农产品是从产地批发商或农产品加工业者购买来的,在市场上向批发商或农产品加工者销售。其特点是购进农产品时不与农户发生直接联系,售出时也不和零售商发生直接联系,对商品既不储存也不运输,只在交接货后转手出售。在农产品对外贸易中,出口商和进口商也属此类批发商。此类批发商交易的对方以批发商为主。

3. 特殊批发商　对于必须采用特殊的储存方法,或者有特殊的宣传方法来销售的特殊商品,常有特殊批发商专做其批发销售业务。特殊批发商批发的商品通常是要求短时间内运输、销售、消费的易腐性农产品,如鲜鱼、蔬菜、配置精菜、快餐食品等,因为此类批发商要经常送货给零售商,零售商不必大量储存农产品,所以特殊批发商便承担起了农产品腐烂变质引起的风险。

二、农产品批发市场

(一)农产品批发市场的类型

1. 政府开办的农产品批发市场　这是指由地方政府与国家商务部共同出资,参照国外经验建立起来的农产品批发市场。

2. 自发形成的农产品批发市场　这是指由民办而形成的农产品批发市场,一般是在城乡集贸市场的基础上发展起来的。

3. 产地批发市场　这是指在农产品产地形成的批发市场,经销农产品不是靠当地市场消化,而是销往国内、国际市场。

4. 销地批发市场　这是指在农产品销售地,农产品营销组织将集货再经批发环节,销往本地市场和零售商,以满足当地消费者的需求。

(二)影响农产品批发市场销售区域的因素

批发销售区域的大小,会受到多种因素的影响,主要包括产品性质、价格、运输设备与费用、市场情报等。

1. 产品性质　包括产品的体积、重量、价值等。一般体积小、重量轻、价值高的农产品,因运输方便且运费低廉,销售区域就大;反之,体积庞大、较重、价值低的商品,销售区域就小。有些农产品生产具有很强的地域性，例如柑橘只能在我国长江以南的省份生产，而广大的北方市场也有消费需求，也需作长距离运输。水果、蔬菜利用产销季节差进行销售，也涉及长距离运输。

农产品的易腐性是限制长距离运输的主要因素之一，采用冷藏设备，就可以把运距大为延长。另外，质量高，品牌形象佳的农产品，受到消费者的欢迎，销售区域就广。

2. 价格 批发商利用不同市场农产品的价格差别，进行运销获利，这是他们远距离运销农产品的真正动力。所以，价格差别常可以扩大批发市场销售区域。

3. 运输设备与运输费用 铁路运费低廉，安全可靠，使靠近铁路的批发市场的辐射能力大增，其商品集散能力大，产品的销售区域相应的也大。我国的高速公路四通八达，卡车虽然运量小，但其可以“从门到门”，时间自由，为货主服务更周到，再加上政府强有力地保障农产品运销，因此，货主更多地选择公路卡车运输。卡车运销对批发市场销售区域的形成影响较大。

4. 市场情报 市场情报对吸引周围地区和远距离地区的农产品影响极大。尤其是远距离批发贸易，如果没有准确的市场价格行情、存货量、市场需求量等市场情报，是根本不可能完成交易的。

三、农产品零售

（一）零售商的含义

零售是指所有向最终消费者直接提供货物和服务，使之用于个人生活消费和非商业性用途的活动。以从事零售业务为主要经济来源的组织和个人称为零售商。

（二）零售商的类型

农产品零售商按其经营方式、经营商品的种类、服务的区域和管理形式的不同，主要分为以下几种类型。

1. 百货商店　百货商店有助于满足一些顾客在同一时间、同一地点选购多种商品的需要。在大中城市，为了吸引大量的消费者购买，百货商店一般都开设在城市繁华地段，并配有训练有素的导购人员，以节约消费者的购物时间，提高消费者的购物效率。

2. 专营商店　专营商店是指专门经营一种或几种农副产品的零售商店，如粮油商店、水果商店、水产品商店、蔬菜商店、副食品商店等。专营商店特点是店面较小，雇员较少，销售效率高，营业费用低。目前，在我国的大中城市，农副产品大多采用这种形式进行销售。

3. 摊贩　摊贩根据贩卖经验和市场行情，每天清晨从批发商手里批得当天能够售完的农产品，经过分级、整理，以不同的价格售给消费者，主要经营蔬菜、水果、水产品、副食品等。摊贩经营灵活，从业人员多，对市场需求变化反应迅速，能及时满足消费者的需求。当今我国的城市、城镇和农村居民大多靠这些摊贩提供每天需要的蔬菜、水果、肉蛋等农副产品。

4. 连锁商店　连锁是在同一资本系统和统一管理之下，分设两个或两个以上具有统一店名的商店组织形式。其特点是管理制度实行统一化和标准化，连锁的各家商店在产品定价、宣传推广以及销售方法等方面都有统一的规定。连锁商店统一进货，由于进货量大，价格上可享受特别折扣，并且在存货、市场预测、定价政策和宣传推广技术等方面有较高的管理水平，因而成本较低。缺点是由于统一管理，各个商店缺乏灵活性。

5. 超级市场　超级市场特点是自动售货、薄利多销、一次性结算，营业面积大、进货量大、普遍增设服务项目。随着市场竞争加剧和绿色农业的发展，很多蔬菜、水果、禽畜等农副产品，尤其是绿色农产品纷纷进入超级市场参与竞争。

6. 方便商店　它是一种小型商店，多设在居民区，营业时间长，主要销售香烟、小百货等家庭常用商品，兼营蔬菜、水果等农副产品。消费者主要利用他们做“填充式”采购，因此营业价格要高一些，但它们满足了消费者一些紧急的需求，人们愿意为这种便利付出更高的代价。

(三)农产品零售区域

农产品零售区域是指零售市场所覆盖的农产品销售地域。一般而言，农产品零售区域相对于工业品零售区域来说比较小，因为农产品具有易腐烂，不便于储存的特点，消费者要求的鲜活程度高。影响农产品零售区域的因素主要有以下几点。

1. 产品属性　农产品易腐烂变质，不便储存，但一些农产品经过加工，就可以延长保质期。例如，水果经加工制成果脯，鲜鱼经过烤制加工成鱼片，对新鲜蔬菜进行真空包装等，零售区域就可以相对扩大一些。

2. 城市规模的大小　城市规模越大，人口越多，那么市场需求量也就越大，零售区域就越大。

3. 道路条件及交通运输工具状况　道路状况好，交通运输工具先进快捷，零售区域就大，反之则小。

4. 商店的信誉度与商品价格　如果商店的信誉高，有良好的购物环境，商品价格较其他商店低，并为顾客提供良好的服务，那么即使距离顾客较远，顾客也愿意光顾，这就能吸引较多的甚至远方的顾客，零售区域必然增大。

第三节　农产品营销渠道管理

一、对中间商的选择

中间商的质量将直接影响企业的产品销路及经济效益，选择中间商应考虑以下因素。

(一)目标市场

选择的中间商，其服务对象应与本企业的目标市场相一致。一般来说，挑选的中间商一定要与产品的销路相对口，最好是专门经营产品的中间商，这是最基本的条件。

(二)地理位置

所选择的零售商所处的地理位置，应有较大的客流量，批发商则应有较好的交通运输及仓储条件。

(三)产品经营范围

尽量选择经营与本企业产品有相互连带关系产品的中间商。一般不要选择销售竞争对手产品的中间商，但是，若自己产品的质量确实好于竞争对手的产品，也可将其产品交给经营竞争对手产品的中间商，但应考虑价格不要过于悬殊，否则缺乏竞争力。

(四)促销措施

要考虑所选择的中间商是否愿意承担部分促销费用，如广告及其他销售促销活动的费用。一般来说，拥有独家经销权的中间商，会负责部分广告活动，或与企业合作共同负担促销活动及其费用。这样会为生产企业节约销售方面的人力、物力、财力。

(五)提供服务

农产品的销售工作，往往需要各种服务之间的相互配合。有些农产品在销售过程中，还需要提供技术指导或财务帮助(赊销或分期付款)。所以，在选择中间商的时候，就要考虑他们是否具备各种条件。

(六)运输和储存条件

运输和储存条件对某些产品的生产企业是十分重要的。如，对于需要保鲜的食品，有没有专门的运输设备、仓库的大小、温度能否控制等，成为选择中间商的一系列决定性条件。

(七)财务状况

选择财务力量较强和财务状况较好的中间商，不仅可以按期结清货款，而且还可能预收货款，为企业提供某些财务帮助；反之，财务状况不好的中间商很可能会发生拖欠货款，给生产者带来某些不应有的损失，影响企业正常经营。

（八）管理能力

如果所选择的中间商的领导者很有才干，其各项工作安排井然有序，说明他们可以信赖，并有条件把产品的销售工作做好，因为管理水平的高低对经营的成败关系极大。

二、对主要营销渠道评估

生产者已经明确了产品进入目标市场所依赖的主要分销渠道，还需要对其进行评估，依靠评估的结果选择能够满足企业长期目标的最佳渠道。评估时应考虑以下问题。

（一）各种分销渠道的销售额与销售成本的关系

一般来说，利用中间商销售的成本较自销的成本低。但当销售额达到一定水平后，利用中间商销售的成本将越来越高，因为中间商按一定比例索取较大的佣金，而企业自己的销售人员只享受固定工资或部分佣金。因此，规模小的企业，或大企业在销售量小的地区，利用中间商销售成本较低，比较合算，当销售额增长到一定水平后，可考虑实行自销。

（二）生产商对分销渠道成员的可控程度

如选择大的中间商，对渠道成员进行控制可能比较困难，因为中间商是以追求利润最大化为目标的独立的商业公司，生产者一般无力左右或影响其进货和销售行为。再者，中间商的销售人员对产品的特点和相应的促销材料不够熟悉。但中小型的中间商一般依附于生产商，愿意接受生产商的要求和指导，按双方的共同协议行事，易于控制。

（三）分销渠道成员的信誉及其适应市场变化的灵活性

具体讲就是对渠道成员在买卖中的信用情况、财务状况、社会形象、商业地位和竞争能力做出评估。在实际工作中，生产商应对上述内容进行综合考察、权衡利弊，然后认真评估选择。这样，生产商就有可能达到自己的期望，取得好的营销效果。

三、营销渠道管理

在选择了销售渠道的模式并确定了具体的中间商之后，还应对销售渠道进行管理，即对中间商进行激励、评估和进行必要的调整。

（一）对中间商的激励

一般来说，各个渠道成员都会为了共同的利益而努力工作。但由于各渠道成员是独立的经济实体，在处理各种关系时，会过分强调自己的利益。因此，对于选定的中间商，必须尽可能调动其积极性，用行之有效的手段对其进行激励，以求得最佳配合。

可以采用的措施有以下六个方面：一是向中间商提供物美价廉、适销对路的产品，这是激励中间商的重要措施；二是合理分配利润，企业要充分运用定价策略，考察各中间商的进货数量、信誉、财力、管理等诸因素，视不同情况分别给予不同的折让；三是授予独家经销权，这种做法可获得中间商的积极合作，中间商将更愿意在广告、促销等方面投入资金；四是开展各项促销活动，可利用广告宣传其产品，给予中间商支持，对于技术性较强的产品，应为中间商培训人员，还应经常派人协助中间商进行营业推广，如安排产品的陈列，举办产品展销等；五是资金支持，中间商一般都希望生产企业能够给予他们一定的资金支持，可以采取售后付款或先付部分货款待产品出售后再结算的方式，以解决中间商资金不足的问题，这可促使他们放手进货，积极推销产品；六是提供市场信息，应将所掌握的市场信息及时传递给中间商，使他们心中有数，能及时调整和制定销售策略。

(二)对中间商的评估

要对中间商进行有效的管理，还需要制定一定的考核标准，检查、评估中间商的表现。这些标准包括：销售指标完成情况、平均存货水平、向顾客交货的快慢程度、对损坏和损伤商品的处理、与宣传及培训计划的合作情况以及对顾客的服务表现等。在这些指标中，比较重要的是销售指标。

(三)销售渠道调整

为了适应多变的市场需求，确保销售渠道的畅通和高效率，要求企业对其销售渠道进行调整或改变。调整销售渠道，主要有以下几种方式。

1. 增加渠道成员　这是指在某一销售渠道里增减个别中间商。但在决定增减个别中间商时，需要做经济效益分析，分析增加或减少某个中间商，将对销售、收益等带来何种影响，影响程度如何。一旦决定增减某个中间商，就要采取相应的措施，防止出现一些不必要的矛盾。

2. 增减销售渠道　这是指增减某一渠道模式。若增减渠道成员不能解决问题，可考虑增减销售渠道的方式。采取这种方式时，也要对可能产生的直接、间接反应及经济效益进行广泛的分析。例如，某销售渠道销售某种产品，其销售额一直不够理想，企业可以考虑在目标市场上或某个区域内撤销这种渠道模式，而另外增设一种其他的渠道模式。

3. 调整销售系统　这是指改变整个销售渠道系统，即对原有的销售体系、制度进行通盘调整。此类调整难度较大，它不是在原有销售渠道的基础上进行完善，而是改变整个销售系统，将会引起市场营销组合的一系列变化。销售渠道是否需要调整，调整到什么程度，应视具体情况而定。

第四节　农产品营销经纪人

农产品经纪人亦称中介人，指从事农产品收购、储运、销售以及销售代理、信息传递、服务等中介活动而获取佣金或利润的经纪组织和个人。经纪人把买方和卖方联结在一起，主要作用是提供商品信息，他们本人并不掌握商品实体，所以只要设立办事处即可。他们经常用电话或其他手段了解用户需要什么，或了解生产者或营销组织销售什么，沟通买卖双方，促成交易的实现。

一、农产品经纪人的作用

农产品经纪人在促进地方经济发展、推动农业产业化进程、加快脱贫致富等多方面发挥着积极的作用。

（一）加快农产品商品化的速度

农产品经纪人可以把本地的农产品资源介绍给市场，把市场需求和本地生产紧密连接起来，在本地形成强大的商品优势，使资源优势能快速转化为市场优势。在加快农产品流转化为商品的速度，创建良好的流通渠道方面可起到很好的沟通、中介作用。

（二）调整农业产业的结构

农产品经纪人的经纪活动可以促进农业产业结构合理化。一方面，农产品经纪人作为生产和消费的纽带，一边连着农业生产、一边连着市场上的需求，使农民的生产经营与市场需求相适应，让二者有机地结合起来，使农业产业结构顺应市场发展趋势而逐渐地趋于合理；另一方面，农产品经纪人是促成农民与他人交易的联结点，掌握着农产品的供求状况，传递农产品市场变化信息，引导农业生产，并可把零散的农产品集中起来进行交易，加快农业产业化的经营。

(三)更新农民生产经营观念

无论是在农产品的生产、包装,还是储运、销售等方面,农产品经纪人都可以了解到最新的符合时代要求的做法。经纪人可以以自己的行为和观念作为先导,把新的信息,好的观念带到农村,传给农民,培养和加强农民的市场意识,使农产品更快、更好地走向市场。

二、农产品经纪人的能力和素质

(一)农产品经纪人的能力要求

1. 善于捕捉信息 农民经纪人以自己经纪的业务为核心,围绕着相关的项目主动、及时地去捕捉信息,为经纪活动提供有预见性的、指导性的参考信息。

2. 提高鉴别水平 获取一定的信息资料后,应学会运用科学的方法,把原始的信息通过归纳、分析、对比、综合等手段,去粗取精,去伪存真,提炼出有价值的信息。

3. 良好的社交公关能力 社交公关能力是反映一个人与社会融合、与他人交往沟通的能力。农产品经纪人是买卖双方的纽带,连接城乡,活动的范围广泛,良好的社交能力可以充当经纪活动的润滑剂,调整经纪人与他人之间的各种关系。掌握一定的公关手段,可以让经纪人迅速打开局面。

(二)农产品经纪人的内在素质要求

农产品经纪人的内在素质在很大程度上影响着经纪业绩。综合而言,农产品经纪人应具备以下基本素质。

1. 心理素质 良好的心理素质,是经纪人取得成功必备的条件之一。一般而言,农产品经纪人的心理素质包括以下几个方面。

(1)良好的性格,稳定的情绪 良好的性格有助于人际间的沟通,增加客户的信任。积极向上而又饱满的情绪会激发人们的工作热情,推动经纪事业的开展。这就要求农产品经纪人在开展业务活动的过程中，面对复杂多变的情况，克服自己性格中不利的因素，善于控制自己的情绪。

(2)坚强的意志，坚定的信心　农产品经纪人面临的是相当复杂的市场环境，面对的是多种性质的人群，需要承担一定的市场风险，这就要求农产品经纪人有持之以恒、百折不挠的意志品质，遇败不馁，树立必胜的信心。

2. 身体素质　农产品经纪人的经纪领域有很强的地域性，需要经常往返于城乡之间，旺盛的精力是农产品经纪人必须具备的身体素质。

第七章　农产品促销策略实施

第一节　广告策略

广告促销是通过媒体向用户和消费者传递有关商品和劳务信息，达到促进销售目的的一种促销手段。

广告策略是企业在广告活动中为取得更大的效果而运用的手段和方法。农产品广告策略可以概括为产品策略、市场策略、媒介策略和广告实施策略四个方面。

一、广告产品策略

农产品广告的目的是为了促进产品销售，广告产品策略即为配合产品策略而采取的广告策略。

(一)产品定位策略

产品定位策略指在广告活动中通过突出商品那些符合消费者心理需求的鲜明特点，确立商品在竞争中的方位，促使消费者树立选购该商品的稳定印象。对农产品来说，产品定位策略的具体运用可分为实体定位策略和观念定位策略。

1. 实体定位策略　产品实体定位策略，就是在广告宣传中突出商品的新价值，强调与同类商品的不同之处和所带来的更大利益。实体定位可分为功效定位、品质定位、市场定位、价格定位。

(1)功效定位　就是在广告中突出商品的特异功效，使该商品在同类产品中有明显区别，以增强选择性需求，提高竞争力。比如美国百事可乐宣传自己产品不含咖啡因。

(2)品质定位　就是在广告中强调本产品的良好品质，对产品进行定位。哈尔滨哈慈集团的“七河源”大米以“绿色”品质为主题，通过大量电视广告打开市场。

(3)市场定位　市场定位是将产品定位在最有利的市场位置上。比如，可将绿色无公害农产品通过广告定位在对生活质量要求较高的中高层消费者，在广告中以幸福家庭为背景，塑造诸如“把绿色还给生活，完美新生活”的口号。

(4)价格定位　广告的价格定位就是在广告中努力定位适当的产品的性价比。在与自己商品没什么大差别的情况下，可以通过价格定位策略，使商品的价格具有竞争性。

2. 产品观念定位策略　指在广告中突出产品的新意义，改变消费者的消费习惯和购买心理，树立新的商品观念，可分为是非定位和逆向定位两种方法。

(1)是非定位　这是从观念上人为地把产品市场加以区分。比如，美国的七喜(7UP)汽水在其广告宣传中把饮料分为可乐型和非可乐型饮料两大类，从而突破可口可乐和百事可乐垄断饮料市场的局面，使企业获得空前成功。随着农业杂交生产技术的发展，一些优异的杂交品种营销则完全可以运用是非定位的广告策略，开辟新的农产品市场。

(2)逆向定位　逆向定位是借助有名气的竞争对手的声誉引起消费者对自己的关注、同情和支持，以便在市场竞争中占有一席之地的策略。逆向定位往往在广告中比较并表明自己的产品不如对手好，故意突出自己的不足之处，甘居其下，但正通过努力准备迎头赶上，以唤起同情和信任。这是利用社会上同情弱者和信任诚实的人的心理。由于农产品的品质具有很强的产地特征，因此同一地区的二、三流农业企业完全可以借助该地区领导企业的产品声誉，通过广告的逆向定位策略，提高本企业产品知名度。

(二)产品市场生命周期策略

广告产品市场生命周期策略，就是依据产品市场生命周期的不同阶段，采取相应策略（表 7-1）。

1. 导入期 在导入期，消费者对产品缺乏了解，竞争者少或者没有竞争。这一时期的农产品促销广告应该着重于宣传产品的功能、品质，并通过广告促销活动吸引消费者对产品进行品尝。广告宣传以创牌为目标，使消费者产生新的需要，执行开拓市场的战略。

2. 成长期 在成长期，产品竞争已经出现，且越来越激烈，而且许多产品开始上市，市场上出现一些假冒产品。比如，当前我国的无公害农产品市场就处于这一时期。成长期的广告宣传以保牌为目标，巩固已有的市场和扩大市场潜力，展开竞争性广告宣传，引导消费者认牌选购，建立品牌的知名度。针对当前我国无公害农产品市场上假冒产品混乱的情况，广告宣传还必须包括品牌识别与保护的内容。

3. 成熟期 在成熟期，市场已较稳定，产品质量已基本定型。目前，我国的成熟期农产品大都处于供大于求、假冒产品冲击的竞争状态，因此强调品牌忠诚度优惠政策是广告宣传的重要内容。

4. 衰退期 这一时期，消费者的消费习惯开始转变，产品销量下降，库存增加。因此这一时期的广告宣传应该更多地发挥创意，发掘新的消费方式，推广原产品的新用途，寻找和创造新顾客，延长产品的市场寿命。

表 7-1 广告产品生命周期策略运用

<table>
<tr><td rowspan="2">产品生命周期</td><td rowspan="2">引入期</td><td colspan="2">成长期</td><td rowspan="2">成熟期</td><td rowspan="2">饱和期</td><td rowspan="2">衰退期</td></tr>
<tr><td>前期</td><td>后期</td></tr>
<tr><td>广告阶段</td><td colspan="2">初期</td><td colspan="2">中期</td><td colspan="2">后期</td></tr>
<tr><td>广告目标</td><td colspan="2">创牌</td><td colspan="2">保牌</td><td colspan="2">维持</td></tr>
<tr><td>广告目的</td><td colspan="2">创造需要</td><td colspan="4">指导选择性需要</td></tr>
<tr><td>广告战略</td><td colspan="2">开拓市场</td><td colspan="2">竞争市场</td><td colspan="2">保持、转移、压缩市场</td></tr>
</table>

续表 7-1

产品生命周期	引入期	成长期		成熟期	饱和期	衰退期
		前期	后期			
广告策略	告知		说服 差别化、多样化、印象		提醒	
广告对象	最先使用者 早期使用者		早期使用大众 晚期使用大众		晚期使用大众 保守者	
媒体选用情况	多种媒体组合、刊播频率高、造成广告声势，广告费投入较多		广告费、刊播频率较初期次之，说服、竞争消费者		广告压缩，采用长期间隔定时发布广告的办法，唤起注意延续市场	

二、广告市场策略

广告市场策略主要包括广告目标市场策略与广告促销策略两个方面。

(一)广告目标市场策略

这是指根据不同目标市场的特点，采取相应的宣传手段和方法，包括无差别市场广告策略、差别市场广告策略和集中市场广告策略。

1. 无差别市场广告策略　这种策略是指在一定时间内向一个大的目标市场运用各种媒体组合，做同一主题内容的广告。对于一些大宗农产品，产品差异较小，消费者的需求弹性也很小，因此比较适合用无差别市场广告策略，提高产品品牌的知名度。

2. 差别市场广告策略　指在市场细分的基础上，企业根据不同细分市场的特点，运用不同的媒体组合，做不同主题的广告。运用差别市场广告策略有利于突出产品个性特点，满足不同消费者的不同需要，达到扩大销售的目的。因此对于一些产品质量较高、营养保健功能较强的农产品比较适合。由于市场分化，各目标市场各具不同的特点，所以广告设计、主题构思、媒介组合、广告发布等也都各不相同。随着农产品市场竞争的激烈，对产品市场进行细分并结合农业结构调整，是我国大部分农业企业和农业产区的根本出路。然而，产品市场细分必须结合广告促销，通过宣传才能真正为消费者所了解，否则产品又会陷入大宗农产品无差异化的陷阱。

3. 集中市场广告策略 指企业把广告宣传的力量集中在已细分的市场中的一个或几个目标市场的策略。对于一些规模实力较弱的农业企业，其产品又具有显著的个性，因此可以运用集中市场广告策略，利用较少的广告费用，提高区域范围内的产品知名度。

(二)广告促销策略

广告促销策略是一种紧密结合市场营销而采取的广告策略，它不仅告知消费者购买商品的获益，而且结合市场营销的其他手段，给予消费者更多的附加利益。广告促销策略运用包括馈赠、文娱、中奖和公益等促销手段。

1. 馈赠性广告促销策略 指企业通过发布带有馈赠行为的广告以促进商品销售的广告策略，可以采用赠券、奖金、免费样品、折扣券、减价销售等形式。比如，通过报刊广告赠券的方式，促进消费者对某种新上市的农产品进行品尝或者直接作为一种折价促销的手段。

2. 文娱性广告促销策略 指伴随文娱形式发布广告以促进商品销售的广告策略。比如，一些观光农业企业可以运用报刊发布免费门票的促销形式，达到提高场内消费的目的。

3. 中奖性广告促销策略 指以发布抽奖形式、中奖者将获得企业提供的丰厚奖品或奖金的广告以促进商品销售的广告策略。

由于农产品消费是人们生活中不可或缺的持久消费品，因此为促使消费者能够长期消费本企业产品，可以采用发布一些“组合性”中奖广告信息。

4. 公益性广告促销策略 指将广告活动与公益活动结合起来，通过关心社会公益活动进行广告促销的策略。比如，对于一些绿色农产品，可以利用广告发布绿色消费、关心健康、可持续发展等公益性信息，以提高产品品牌的知名度和美誉度。

三、广告媒介策略

广告的媒介策略是根据广告的产品定位策略和市场策略，对广告媒介进行选择和搭配运用的策略。媒介选择一般要考虑媒介性质、产品定位、消费者习惯、广告市场定位和目标定位、市场竞争、广告费用预算等因素。

媒介的性质是首先考虑的因素，即选择什么样的媒介做某种商品广告才能获得最好的广告效益。媒介传播范围的大小、发行量的多寡会影响视听人数；媒介的社会文化地位与广告的读者层或视听者层会影响广告的效果；而媒介的社会威望则对广告的影响力和信任程度有重要影响。因此，在选择媒介时，应事先对媒介有所了解，这样才能使媒介运用得当，使广告收到较好的效果。在日常生活中，人们常常是根据自己的职业、兴趣、文化程度等来选择传播媒介，这种对媒介的接触习惯对广告的效果影响很大。因而，广告媒介的选择，必须考虑消费者的生活习惯。广告对象与媒介对象越接近，广告效果就越大。认清消费者的生活习惯和接触媒介的习惯，有助于选择媒介。

同时，选择广告媒介，必须考虑广告的目标因素，看是否与企业的经营活动紧密配合。如广告的目标市场是大的地区，可选择传播范围广、覆盖面大的媒介；若是小的目标市场，则选用地区性媒介；同样的，若有强的时效性要求，则选择时效性强、接触面广的地方报纸、电视和广播，以使广告在短期内迅速扩大影响。

广告宣传竞争是市场竞争的一个重要方面。为了配合市场竞争，不但要求有不同的广告策略，而且要有不同的媒介选择。另外，根据有些政策规定，有的广告媒介不准发布某些产品的广告，这也是媒介选择中必须考虑的。

最后，企业发布广告要依据自身的财力来合理选择媒介，尽量使广告费用开支限制在广告预算的范围之内。广告费用包括媒介价格和广告作品设计制作费。同一类型的广告媒介也因登广告的时间和位置不同，有不同的收费标准。同时，在选择媒介时，不但要考虑广告的绝对价格，而且要考虑其相对价格，考虑广告的实际接触效果所耗的平均费用。

在实施广告时，可以使用一个广告媒介，也可使用多个媒介组合。选用媒介主要是要考虑目标市场、广告对象、商品属性、媒介广告价格等因素，要分析媒介的发行量、读者层、编辑内容、发行地区、知名度等。更确切地说，要研究媒介是综合性的，还是专业性的；是全国性的，还是地区性的；是适宜登消费品的，还是适宜登机器、设备、原材料的，因为广告效果和媒介发行量不一定成正比例，所以要考虑对象占的比例大小。另外，还要考虑媒介知名度档次是否相配。最后，还应考虑价格是否合算，一般按千人广告价格来计算。千人价格公式为：

千人价格＝广告费用×1 000/到达人数

四、广告实施策略

广告实施策略主要包括广告系列策略和广告时间策略。

（一）广告系列策略

广告系列策略是企业在广告计划期内连续和有计划地发布有统一设计形式或内容的系列广告，不断加深广告印象、增强广告效果的手段。

1. 广告形式系列策略　这是指在一定时期内有计划地发布一系列设计形式相同、但内容有所改变的广告策略。由于农产品供给具有较强的系列性，而农产品需求目标则具有很强的统一性，因此运用广告系列策略，对同一品牌的不同产品进行宣传，能够取得较好的效果。

2. 广告主题系列策略　这是指在发布广告时依据每一时期的广告目标市场的特点和市场营销策略的需要，不断变换广告主题，以适应不同对象的心理欲求。

3. 广告功效系列策略　这是指通过一系列广告逐步深入强调商品功效的广告策略。多数农产品具有一定的营养、医疗、保健功效，而这些功效实际上并不为大多数消费者所知，因此通过广告逐步宣传产品功效也是农产品广告实施策略的重要方式。

4. 广告产品系列策略　这是指为了适应和配合企业系列产品的经营要求而实施的广告策略，适用于规模较大、产品较全的农业企业。运用广告产品系列策略不仅可以提高企业、产品的知名度，而且还可以提高消费者对该企业的依赖度。

(二)广告时间策略

广告时间策略指广告发布的具体时间、信息量和频率的合理安排。农产品广告时间策略必须考虑农产品经营的众多影响因素，包括产品市场生命周期、产品保鲜期、产品生产季节性、目标市场的需求变化时间等。

1. 集中时间广告策略　指集中力量在短时期内，对目标市场进行密集性的广告攻势。这种策略可以集中优势，在短时间内迅速造成声势，扩大广告的影响，迅速地提高商品或企业的声誉。对于一些刚刚组建的农业企业，为了提高企业产品的知名度，可以利用这种策略在短期内扩大企业影响力。另外，在产品销售旺季，各种产品竞争激烈时也可以采用这种策略，迅速扩大商品影响力。

2. 均衡时间广告策略　这种策略是一种有计划反复地对目

标市场进行广告宣传的策略,可以持续加深消费者对商品或企业的印象,保持消费者的记忆度,发掘潜在市场,扩大商品知名度。这种策略适宜于规模较大、实力较强的农业企业或地方政府,为提高或保持产品的影响力而采取的策略。

3. 季节时间广告策略 农产品的生产与消费都具有季节性特征,一般在销售季节到来之前,就要展开广告活动,为销售旺季的到来做好信息准备和心理准备。销售旺季时,广告活动达到高峰;旺季过后,广告要收缩,销售季节末期,广告即可停止。

4. 节假日时间广告策略 针对中国人的传统节日,在节日前针对与节令消费有关的农产品,宣传以节日为主题的广告,便能够取得较好的广告效果。

第二节 人员推销策略

人员推销,指生产经营企业的销售人员与可能的购买者直接接触、洽谈、宣传、介绍产品或服务,以促进销售的活动过程。随着产业化的发展、城乡农产品运销员队伍的壮大,人员推销已经成为农民和农业企业对农产品进行促销的重要手段。

目前,我国农产品人员推销大体有三种类型。一是农民自己作为推销员上门推销产品。比如,近年来上海郊区的一些农民进城向居民兜售大米后,就拿出一叠名片向居民们散发,大都会这样说“吃完了大米,如觉得口味还可以的话,打个电话来,我们为你送货上门”,以期待通过卖米招徕回头客。二是城乡中介运销员。这些中介运销员主要是一些农民贩运户、经纪人、个体营销户,他们走南闯北,为农产品流通做出了巨大贡献。三是龙头企业或农业组织的专门推销员。这类推销员一般受过专门技术训练,也有固定收入,推销能力较强,是农产品人员推销队伍中的中坚力量。农产品人员推销具有推销成本低、双向交流、针对性强、灵活应变、推销面大、成功率高的特点。

一、农产品人员推销技巧

(一)与客户见面的技巧

“好的开始等于成功了一半”,与客户的第一次见面在一笔交易中显得尤为重要。农产品推销员在与客户见面时必须注意以下几个方面的技巧。

1. 见面前必须对顾客有一定的了解　了解顾客需求的特点,然后再针对农产品的某一具体功能向目标顾客推销,投其所好,便能够提高交易的可能性。

2. 预测谈话内容,并对相应语言进行组织　由于目前我国的农村推销员总体上素质仍然不高,还缺乏较高的应变能力,因此事先的语言准备是非常重要的。

3. 着装整洁、卫生、得体,有精神　推销员的形象在一定程度上反映企业形象,因此穿着得体、整洁在某种程度上体现着企业对农产品卫生、安全程度控制的质量。实际上,当我们在地摊上看见脏兮兮的摊主时,我们是怎么也不会相信他的农产品是非常卫生的。此外,推销员穿着得体有精神,还可以提高自己的信心和工作风貌。

4. 自我介绍的第一句话不能太长　农产品的品牌往往与产地或者一些有名的农业企业联系在一起,因此推销员在介绍时可以简洁说“我是来自××地方的”,或者说“我是××企业的”,而不能用长句表达成“我是××地方××有限公司”之类的介绍。

5. 学会假借一些指令或赞美来引起客户的注意　比如,可以说“是我们县农业协会派我来的”,“是××厂家业务员说你生意做得好,我今天到此专门拜访您,取取经”。

(二)交换名片的技巧

交换名片是建立和维持客户关系的第一步,是人员推销的一个重要任务。交换名片不是单方面的给名片、塞名片，而是双方之间的未来交流意愿。推销员在见面时不要过早拿出自己的名片，在说明来意，自我介绍完成后，观察客户反应，做出交换名片的决策。推销员可以在拜访完成时，提出“××经理，与您交换一张名片，以后多联系”的建议。而不应该向客户提出“可以给我一张您的名片吗”的尴尬要求。

(三)交谈气氛融洽的技巧

缺乏想象力的推销员在和顾客见面后，往往急于进入推销状态。他们会迫不及待地向顾客介绍自己的产品。常见现象是一见面就问“要不要”、“买不买”，要知道大多数人对推销是很反感的，所以不要让顾客一开始就把自己当做推销员。成功的推销员往往先谈客户及顾客感兴趣的问题及嗜好，以便营造一种良好的交谈气氛。比如，可以询问对方有关农产品消费的习惯以及本地有关产品消费的习俗等，找到与产品有关的相关话题。

(四)产品介绍技巧

在推销过程中，产品介绍必须根据客户、用户的利益来确定产品介绍的特点。

1. 向经销商介绍产品　经销商关心的是产品的赢利能力与水平，所以在向经销商介绍产品时，应先简单告诉产品是干什么用的，主要的用户或者消费群是什么。接着就要介绍这种产品在流通过程中可获得的利润水平怎么样，再接着围绕流通环节的价差展开说明。最后再来介绍一些售后服务、运销服务等方面的事项。由于经销商的主要目的是为赚钱，所以向经销商介绍产品主要围绕他能获得多大的价差及多大的销量展开。

2. 向消费者介绍产品　用户关心的是产品能给他带来什么好处，因此向消费者推销产品时主要设法识别客户的层次、素质、需求、喜好，并阐明本产品能够满足这些需求。向用户介绍产品的一般步骤：先介绍某类产品的功能，再介绍本产品的特点，接着将本产品特点与消费者关注的利益点联系起来，最后解答一些赠送、送货上门等增值问题。在向用户介绍产品时，最难的是判断用户的关注点或利益点。

（五）不让对方说“不”

有些推销新手常常不知道怎样开口说话，好不容易敲开顾客的门，硬邦邦地说“请问你对××产品感兴趣吗？”、“你买不买××商品？”等，得到的回答显然是一句很简短的“不”或“不要”，然后就搭不上腔了。因此推销员在推销农产品时也应该谈论一些商品以外的比如食用习惯等问题，谈得投机了，再进入正题，这样更让人容易接受。

二、农产品人员推销策略

根据产品的特点与推销途径，农产品人员推销可遵循以下销售路线。

（一）针对批发商推销

农产品批发商是我国农产品流通组织的主要力量，而且普通推销员可以通过各个农产品批发市场方便地联系到这些批发商，一旦与批发商建立良好的合作关系，便可给地方农产品销售带来巨大利益。对批发商来说，差价与利润是他们主要关心的因素，因此推销的产品应该能够满足其市场利润较高的要求。

（二）针对代理商、经纪商、佣金商推销

对于一些品牌知名度较高、销售前景较好的产品，可以通过销售人员与这些代理商建立合作关系，促进产品的销售。对代理商来说，产品的市场前景是他们关心的问题，因此推销员应该重点介绍产品的功能、质量、品牌知名度等内容，以引起代理商的兴趣。

（三）对企业界的推销

企业需求的是成本低、性能强的原料型农产品，因此推销员应该能够掌握并阐述相关产品加工转化率的指标及其相对应的性价比。此外，企业往往非常关心农产品生产方对质量的控制能力，因此整个推销过程需要农业企业的相关配合。

(四)对机构团体的推销

主要是针对学校、医院、孤儿院、旅馆、俱乐部、饭店以及其他实行集体食堂的机构。这些机构团体需要的是足够的产品安全性保证。所以推销员应该找准负责人，并重点表达产品的安全、营养质量及其质量控制能力。

(五)对超市、农产品连锁商店的推销

由于这些顾客关心的往往是产品的质量、安全问题，以及相关(如“净菜”等)的服务功能。因此，推销员也应该针对这些特点做好相应的准备，组织交谈的内容。

三、人员推销的组织策略

为提高企业的整体组织水平，杜绝内部重复推销情形的出现，对各个推销人员运用各种方式进行组织是非常必要的。农产品人员推销的内部组织策略可采取以下三种形式。

(一)地区结构式

地区结构式指每个(组)推销人员负责一定地区的推销业务。针对市场的特点进行地区划分，然后根据各个销售人员对各个地区的熟悉程度，将组织的推销员进行地区划分，让每个推销人员负责各自独立的市场。

(二)产品结构式

产品结构式指每个(组)推销人员负责一种或几种产品的推销业务。根据推销人员对相应产品的熟悉程度和推销相关产品的经验，让每个推销人员负责各自的产品业务，并且由推销人员自己开拓市场。

(三)顾客结构式

顾客结构式指根据顾客的行业、规模、分销渠道的不同而分别配备推销人员。

第三节　营业推广策略

营业推广是指除了人员推销、广告和公共关系之外的，在短期内用以刺激顾客或其他中间机构(如零售商)迅速和大量地购买某种特定产品或服务的活动。营业推广根据推广对象不同可以分为三种类型。

一、对消费者的营业推广

(一)赠品推广

农业生产者在农产品生产过程中可以收获多种主副产品，同时，消费者对农产品也有多方面的需求，从而产生不同产品需求的组合，所以对产品进行组合或赠送促销是一种可行的办法。如，甘肃一果农为了将积压在手的苹果卖出去，打起了玉米皮的主意。他发挥自己的编织特长，将玉米皮编成各式各样的水果篮，然后装上苹果拿到城里市场出售，卖苹果送果篮，他的苹果很快被抢购一空。

(二)快捷服务

随着人们生活节奏的加快，对农产品的需求也增加了送货、去净等快捷服务。如，近来江苏连云港市兴起了一种全新的蔬菜、副食品购销模式——“蔬菜快递”，向市民快速提供新鲜蔬菜、牛奶、禽蛋的一种购销服务方式；平顶山市湛河区的一些种养专业户，在市民无暇上街或暂时得不到新鲜蔬菜、牛奶等副食品供应的情况下，打电话告知所需的蔬菜品种、数量，就提供多种副食品的上门供货服务，据统计，目前湛河区已有50多户农民利用“蔬菜快递”方式销售蔬菜、牛奶、鲜蛋，收入达800多万元。

(三)免费品尝

农产品的口感质量是无法通过外观质量完全得以体现的，免费品尝的促销活动是传递产品“美味”信息的最好途径。据考察，台湾省非常注重农产品的品牌培育和保护，新产品上市前，一般都会锁定一个目标市场，在超级市场或特定的场合召开免费品尝会，由政府补偿产品成本。

二、对组织用户的营业推广

(一)农产品交易会

农产品交易会是在一定场所和期间，集中展示产品及有关信息，组织当事人洽谈、签约的产品交易活动。交易会的具体形式包括农产品促销会、展销会、博览会等。农业经营者通过交易会宣传本企业的产品，展示新品种，通过营业推广结识更多的朋友，获取所需的信息，吸引客户前来购买，有利于扩大销售。

(二)农产品拍卖会

农产品拍卖，就是在公开、公平的环境下，拍卖师将供货商委托拍卖的农产品当众叫价，展示产品信息，由承销商出价竞购的促销方式。拍卖促销可以减少流通环节，降低交易费用，有效地提高交易效率和物流效率。

三、对推销员的营业推广

近年来，农村流通中介人发展非常迅速，对推销员的营业推广将成为农产品促销的重要内容。广大农户可以对推销员实行折扣鼓励、配套优惠等促销手段。而龙头企业则可根据推销员的工作业绩，给予适当奖励，如给予一定数量奖金，或提供免费旅游，或提供培训学习机会，也可根据推销人员推销的数量或金额，给予一定比例提成等。

第四节 公共关系策略

关系营销是指企业与消费者、分销商、零售商和供应商建立一种长期、信任、互惠的关系。而为了要做到这一点，企业必须向这些个人和组织承诺和提供优质的产品、良好的服务以及适当的价格，从而与这些个人和组织建立与保持一种长期的经济、技术和社会的关系纽带。

一、关系营销的子市场

企业关系营销的基本框架可以概括为六个子市场。

(一)农资市场

农业经营者在农资市场上营销是为了获得化肥、农药、生产运输机械、生产技术、信息等生产过程中所必需的资源，并实现资源的合理配置。

(二)内部市场

农业经营系统在内部市场营销的目标是通过龙头企业与农民的协作以实现在资源转换过程中的价值最大化。在系统内部建立并保持客户导向的文化、持久稳定的协作关系是关系营销中取得长久成功的决定性因素。

(三)竞争者市场

农业企业在竞争者市场上的营销活动是为了寻求资源共享、优势互补和共建产地品牌。农产品品牌明显地具有产地特征，因此这些竞争企业可以通过建立协作关系，共同推动该产地产品品牌的建设。此外，这些竞争企业还可以在技术、信息、价格等方面建立联盟竞争战略，从而实现共享资源，优势互补。

(四)经销商市场

企业在经销商市场上进行营销，是为了合理地进行资源分配并取得市场基础设施的支持。因此农业企业与经销商应该建立稳定的价格控制机制、合理的利润分配关系。

(五)最终用户市场

企业在最终用户市场上的营销是为了获得顾客资源,这是支持企业生存和发展的基础。因此,农业经营者应该从顾客的需求角度出发,严格控制产品质量,提高顾客的信任度。

(六)影响者市场

"影响者"即各类形式繁多的"影响因素",如政府机构、农业协会、农村金融机构等。影响者市场被视为建立客户关系过程中一个有机组成部分。为了树立企业形象,最大限度地获得企业的无形资源,企业必须在影响者市场上实施关系营销。

二、针对组织用户的关系营销

正如上面的框架所述,对组织用户的关系营销就是企业在产业市场、中间商市场、政府市场等组织市场上所开展的营销活动,而关系营销所关注的正是这些方面。组织市场营销必须更加注重关系营销。农业企业为与这些组织保持良好的发展关系必须做好以下方面工作。

(一)保证农产品的质量是建立营销关系的基础

对中间商来说,只有当产品具有良好品质与美好的市场前景时,他们才会愿意主动与企业建立良好关系。而对农业企业来说,如果不能保证产品的质量,不能满足消费者的要求,或是产品的质量随时间推移有所下降,即使建立起了某种营销关系,这种关系也是脆弱的,很难维持下去,因为它损害了消费者的利益,也损害了网络中各成员的利益,从而损害了网络的整体利益和效益。所以农业经营者要与组织用户建立良好的营销关系,就应保证产品的质量,并不断地提高产品质量,使营销关系建立在坚实的基础上。

(二)加强产品的服务工作,不断提高企业的服务水平

服务被称为关系营销的强化剂,是关系营销的重要内容。农业经营者对中间商的服务工作主要是配送、运输、净菜、去壳等附加服务。同时,为经销商出售产品创造更好的条件,对其提供强有力的支持等。

(三)制定合理、稳定的价格,协调双方的利益关系

不能见利忘"义",在保证赢利的条件下,要兼顾客户和网络中各成员的利益,使得在营销关系网络中的每一个成员都能互惠互利,取得共同的发展。"互惠互利"可以说是企业进行关系营销的核心,只有这样,客户的利益才能得到满足,才能成为企业的"忠实"顾客,企业的关系营销网络才能真正发挥作用。因此只有确定双方之间合理的利润分配水平,才能建立良好关系。同时,在农产品畅销,甚至供不应求时,应平等地对待每一个经销商,尤其是不能忽视那些小的经销商。当经销商在经营活动中遇到困难时,应当及时援助,尽可能地帮助经销商摆脱困境。在双方利益发生冲突时,应站在战略的高度从长计议,互相协调,达成共识。农业企业可采取一系列有效措施和政策,逐步把经销商纳入企业的伙伴体系。

(四)加强与经销商的沟通

农业经营者应让经销商充分了解其实力、经营理念、战略目标、市场营销计划等。只有这样,经销商才会产生信任感,才能准确地把企业信息传递给终端市场,才能积极主动地配合开展市场拓展活动。与经销商的沟通形式包括个人沟通、群体沟通、口头沟通和书面沟通等。有关销售部门、农民、农村中介流通组织、政府部门、农协组织、销售人员是向经销商传递信息最普遍、最有效的沟通媒介。利用农产品交易会、展销会的机会,精心组织企业与经销商共同参与会议,是与经销商进行沟通的最直接、最迅速、最经济的方法。

三、针对消费者的关系营销

顾客是企业生存和发展的基础。企业离开了顾客，其营销活动就成了无源之水，无本之木。市场竞争的实质就是争夺顾客，顾客忠诚的前提是顾客满意，而顾客满意的关键条件是顾客需求的满足。然而，农产品生产过程中由于存在产品质量信息的严重不对称性，很多农业生产者往往为了短期利益而损害消费者的利益。如，无公害农产品在生产过程必须对一些化肥、农药进行严格限制，转而使用成本较高、效率较低的生物肥、生物农药等，然而一些规模较小的经营者为了追求短期利益，继续使用化肥、农药，结果对消费者造成了严重损害，同时也对整个无公害市场造成了混乱。

农产品经营者要想与消费者建立并保持良好的关系，必须做好以下几个方面。第一，必须真正树立以消费者为中心的观念，并将此观念贯穿于企业生产经营的全过程。产品的开发与生产应注重消费者的需求，产品的定价应符合消费者的心理预期，产品的销售应考虑消费者的购买便利和偏好等。第二，切实关心消费者利益，提高消费者的满意程度，为顾客提供高附加值的产品和服务。通过产品的品牌、质量、服务等，为顾客创造最大的让渡价值，使他们感觉到物超所值。如，为顾客提供送货、净菜等服务。第三，加强与消费者沟通和联系，重视情感在消费者购物决策时的影响作用。飞速发展的技术使人们之间沟通的机会减少，但人们却迫切希望进行交流，追求高技术与高情感间的平衡。企业在经营中要注意到顾客的这种情感因素，并给予重视。农业企业可以通过创建网页、提供顾客建议箱、发名片等活动建立保持与消费者的联系。

第八章　农产品标准与分级

第一节　农产品标准

农产品标准是对农产品的质量、规格以及与质量有关的各个方面所作的技术规定、准则。在进行农产品收购、调拨、储运以及销售的整个商品化过程中，应当严格执行国家对农产品制定的质量、规格标准。农产品标准除了质量标准、环境标准、卫生标准、包装标准、储藏运输标准、生产技术标准以外，还包括添加剂的使用标准、农产品中黄曲霉毒素的允许量标准和农药残留量标准等。农产品标准将会随着科技的进步和市场需求的变化不断增删，不断完善。我国将农产品大致分为普通农产品、绿色农产品、无公害农产品和有机农产品。不同农产品的生产标准各不相同。

一、普通农产品的质量标准

(一)农产品质量

质量是农产品优劣的尺度。品质优良的农产品应该具有良好的食用品质和商品价值，作为加工原料的农产品还有一些另外的质量要求。农产品是人们生活不可缺少的食物，因此它的食用品质应该放在质量标准的首位。农产品的食用品质一般包括它的新鲜度、成熟度、色泽、芳香、风味、质地以及内含营养成分等指标。农产品的商品价值除了它食用品质的高低外，为了获得更好的经济效益和满足人们生活的各种需要，还应包括它的商品化处理水平、在储藏、运输、销售过程中的抗逆性和耐储性和商品的货架寿命等指标。农产品不仅能直接提供食物，而且还可作为原料，经加工后提供食用或做它用。作为加工原料的农产品，其质量要求除了上述有关指标外还有一些其他要求，如含水量、含杂量、加工适应性强、有效成分含量等。

（二）普通农产品标准的一般内容

1. 所使用的对象 这是指首先要说明该标准应用于什么农产品，采用的是什么工艺以及分类或等级。有的还指出这种农产品的用途或使用范围。

2. 农产品商品的质量指标及各种具体质量要求 这是标准的中心内容，包括技术要求、感官指标、理化指标等项目。技术要求一般是对农产品加工方法、工艺、操作条件、卫生条件等方面的规定；感官指标是指以人的口、鼻、目、手等感官鉴定的质量指标；理化指标包括农产品的化学成分、化学性质、物理性质等质量指标。许多农产品还规定了微生物学指标及无毒害性指标。

3. 抽样和检验的方法 抽样方法的内容包括每批农产品应抽检的百分率、抽样方法和数量、规定抽样的工具等；检验方法是针对具体的指标，规定检验的仪器及规格、试剂种类及规格、配制方法、检验的操作程序、结果的计算等。

4. 农产品的包装、标志以及保管、运输、交接验收条件、有效期等 特别值得指出的是，大多数农产品是人们日常生活必不可少的主要食品，为了保障人民群众的身体健康，必须坚决贯彻执行国家《食品卫生法》的规定。规定明确指出，要禁止生产、经营腐败变质、油脂酸败、霉变、生虫、污秽不洁、混有异物或者其他感官性状异常而可能对人体健康有害的食品；禁止生产经营含有有毒有害物质或者被有毒有害物质污染而可能对人体健康有害的食品。

二、绿色农产品的标准

绿色农产品是遵循可持续发展原则、按照特定生产方式生产、经专门机构认定、许可使用绿色农产品食品标志的无污染的农产品。可持续发展原则的要求是，生产的投入量和产出量保持平衡，既要满足当代人的需要，又要满足后代人同等发展的需要。绿色农产品在生产方式上对农业以外的能源采取适当的限制，以更多地发挥生态功能的作用。

(一)绿色农产品标准

绿色农产品标准是应用科学技术原理、结合绿色食品实践、借鉴国内外相关标准所制定的，在绿色农产品生产中必须遵守、绿色农产品食品质量认证时必须依据的技术性文件。它既是绿色农产品生产者的生产技术规范，也是绿色农产品食品认证的基础和质量保证的前提。绿色农产品标准是国家行业标准，对经认证的绿色农产品来说，是强制性标准，必须严格执行。

(二)绿色农产品标准的构成

绿色农产品标准主要包括绿色农产品产地的环境标准，即《绿色食品产地环境质量标准》；绿色农产品生产技术标准；绿色农产品产品标准；绿色农产品包装标准；绿色农产品储藏运输标准等。以上标准对绿色农产品产前、产中、产后全程质量控制技术和指标做了明确规定，既保证了绿色农产品无污染、安全、优质、营养的品质，又保护了产地环境，并使资源得到合理利用，以实现绿色农产品的可持续生产，从而构成了一个完整的、科学的标准体系。

绿色农产品标准既是开发、管理绿色农产品的前提和基础，也是生产企业是否能够生产出高质量的农产品，赢得国际市场，获得经济效益的技术尺度。

三、有机农产品标准

有机农产品是根据有机农业原则和有机农产品生产方式及标准生产、加工出来的，并通过有机食品认证机构认证的农产品。它的原则是，在农业能量的封闭循环状态下生产，全部过程都利用农业资源，而不是利用农业以外的能源(化肥、农药、生产调节剂和添加剂等)影响和改变农业的能量循环。有机农业生产方式是利用动物、植物、微生物和土壤四种生产因素的有效循环,不打破生物循环链的生产方式,是纯天然、无污染、安全营养的食品,也可称为"生态食品"。有机农产品执行的是国际有机农业运动联盟的"有机农业和产品加工基本标准"。有机农产品在我国尚未形成消费群体,产品主要用于出口。虽然我国也发布了一些有机农产品的行业标准,但我国的有机农产品执行的标准主要是出口国要求的标准。目前,欧盟、美国、日本、澳大利亚、加拿大、墨西哥、阿根廷、韩国等都已制定了有机农业及产品生产、加工准则性的标准。有机农产品的标准集中在生产加工和储运技术条件方面,无环境和产品质量标准。

四、无公害农产品标准

无公害农产品是产地环境、生产过程和产品质量均符合国家有关标准和规范的要求,经认证合格获得认证证书并允许使用无公害农产品标志的未经加工或者初加工的农产品。无公害农产品执行的是国家质检总局发布的强制性标准及农业部发布的行业标准。产品标准、环境标准和生产资料使用准则为强制性国家或行业标准,生产操作规程为推荐性行业标准。目前,国家质检总局和国家标准委已发布了 4 类无公害农产品的 8 个强制性国家标准,农业部发布 200 余项行业标准。

五、农产品的检验

农产品检验是根据标准对农产品的质量进行科学鉴定以判断其质量高低、使用价值的大小。

农产品检验与标准相互联系,密不可分。任何一种产品标准的制定,必须以大量的检验结果、正确的检验数据为依据;标准发布后,要确定其产品的质量和分等划级,又必须依据标准中规定的质量指标，通过检验来确定。农产品的检验方法一般分为感官检验和理化检验两大类。感官检验在农产品检验中使用十分广泛，其优点是快速简便，有一定准确性，无须专门仪器、设备。对于农产品的新鲜度、成熟度、色香味的判断都具有使用价值。理化检验是利用各种仪器设备、器械和化学试剂来鉴定农产品的质量。它与感官检验法比较，结果较准确，能用具体数值表示，并且可用以测定农产品的成分、结构和性质。随着现代科学技术的发展，农产品检验必须向科学化、仪器化和快速、少损或无损的方向发展。

第二节　农产品质量分级

农产品质量分级是指根据农产品的质量标准，将不同质量的农产品进行分级、归类。等级明确地反映了农产品功能用途及其相应的费用与价格，体现了消费者对农产品预期、认可的不同质量要求。它是生产者能否将产品投入市场的重要依据，也是经营者便于质量比较和定价的基础。它的广泛应用能够降低市场的交易费用，促进市场竞争，更是农产品期货市场、批发拍卖市场运行的基础。分级应根据事先制定出的质量标准进行。

一、分级的目的和意义

农产品收获以后应该经过一系列商品化处理，再进入流通环节。分级的主要目的是使农产品商品化。通过分级可区分产品的质量，为其使用性和价值提供参数、等级标准，在销售中可作为一个重要的工具，给生产者、收购者和流通渠道各环节提供贸易语言。等级标准是评定产品质量的技术准则和客观依据。分级有助于生产者和经营者在产品上市前的准备工作和标价。等级标准还能够为优质优价提供依据，能够以同一标准对不同市场上销售产品的质量进行比较，有利于引导市场价格及提供信息，有助于解决买方和卖方赔偿损失的要求和争论。分级不仅可以贯彻优质优价的政策，还可以促进农产品管理技术的改进，推动农产品生产向良性化发展。通过分级，剔除伤、病虫害农产品，不仅可以减少储运中的损失，还可以减轻一些病虫害的侵染传播。总之，分级是农产品生产、销售及消费之间互相促进、互相监督的纽带，是农产品商品化的必要环节，是提高农产品质量及经济效益的重要措施。

二、粮食的分级

粮食的原始品质主要决定于粮食品种、完善粒状态、杂质和水分。不同的品种，由于其成分不同，品质不同，用途也不同。即使是同一品种，由于完善粒及杂质的比例不同，其耐储性能及加工出的产品质量也不同。因此，为了保障加工产品质量的一致性，更好地进行粮食营销，有必要对收购的粮食进行分级分等，分别管理。不同粮食品种分级依据不同。如小麦和玉米以容重定等。

三、果蔬的分级

果蔬的分级方法有人工操作和机械操作两种。

(一)人工分级

人工分级有两种。一是单凭人的视觉判断，按果蔬的颜色、大小将产品分为若干级。用这种方法分级的产品，容易受心理因素的影响，往往偏差较大。二是用选果板分级，选果板上有一系列直径大小不同的孔，根据果实横径和着色面积的不同进行分级。这种方法分级的产品，同一级别果实的大小基本一致，偏差较小。人工分级能最大限度地减轻果蔬的机械损伤，但工作效率低，级别标准有时不严格。目前我国普遍采用的是人工分级。

(二)机械分级

采用机械分级，不仅能够消除人为的心理因素的影响，更重要的是显著提高工作效率。各种选果机械都是根据果实直径大小进行形状选果，或者根据果蔬的不同质量进行的质量上的选果，或是按颜色分选而设计制造的。我国目前果蔬的商品化处理与发达国家相比差距甚远，只在少数外销商品基地才有选果设备，绝大部分地区使用简单的工具，按大小或质量人工分级，逐个挑选、包装，工作效率低。有些内销的产品不进行分级。

水果分级标准因种类、品种而异。我国目前的做法是在果形、新鲜度、颜色、品质、病虫害和机械伤等方面已符合要求的基础上再按大小进行手工分级，即根据果实横径的最大部分直径，分为若干等级。如我国出口的红星苹果，直径从 65～90 毫米，每相差 5 毫米为一个等级，共分为 5 等。葡萄分级主要以果穗为单位，同时也考虑果粒的大小。根据果穗紧实度、成熟度、有无病虫害和机械伤，能否表现出本品种固有颜色和风味进行分级。一般可分为 3 级，一级果穗大小适中，穗形美观完整，果粒的大小均匀，充分成熟，能呈现出本品种固有色泽，全穗没有破损粒和小青粒，无病虫害；二级果穗大小形状要求不严格但要充分成熟，无破损粒和病虫害；三级果穗即为一二级淘汰下来的果穗，一般用做加工或就地销售，不宜储藏。

蔬菜由于食用部分不同，成熟标准不一致，所以很难有一个固定统一的分级标准，只能按照对各种蔬菜品质的要求制定个别的标准。蔬菜分级通常根据坚实度、清洁度、大小、质量、颜色、形状、鲜嫩度以及病虫感染和机械伤等分级，一般分为 3 个等级，即特级、一级和二级。特级品质最好，具有本品种的典型形状和色泽，不存在影响组织和风味的内部缺点，大小一致，产品在包装内排列整齐，在数量或质量上允许有 5%的误差。一级产品与特级产品有同样的品质，允许在色泽上和形状上稍有缺点，外表稍有斑点，但不影响外观和品质，可允许 10%的误差。二级产品可以呈现某些内部和外部缺点，价格低廉，采后适合于就地销售或短距离运输。经分级后的果蔬商品，大小一致，规格统一，优劣分开，从而提高了商品价值，降低了储藏与运输过程中的损耗。

四、绿色农产品分级

我国的绿色农产品分为 A 级和 AA 级两种。其中 A 级绿色农产品生产中允许限量使用化学合成生产资料，AA 级绿色农产品则较为严格地要求在生产过程中不使用化学合成的肥料、农药、兽药、饲料添加剂、食品添加剂和其他有害于环境和健康的物质。按照农业部发布的行业标准，AA 级绿色农产品等同于有机农产品。

第九章　农产品专业市场营销

第一节　谷物营销

一、谷物供给状况

从20世纪90年代至今,我国的谷物种植面积长期占粮食播种面积的80%以上,产量占整个粮食产量的85%以上。我国的主要谷物包括稻谷、小麦、玉米、高粱和谷子,其中稻谷、小麦、玉米所占比重较大,总产量占谷物总产量的95%以上。由于谷物生产市场化进一步加强,我国农产品,包括稻谷,除农民小部分自留外,绝大部分供应市场,成为商品粮,所以,农产品的生产状况能直接反映其市场供应情况。

(一)稻　谷

稻谷是我国第一大粮食作物,除长江以南、长江流域大量种植外,东北、河北都有较大面积的种植,在我国粮食作物中播种面积最大,总产量最高,在粮食生产和消费中历来处于主导地位。在过去30年中,我国稻谷种植面积占我国粮食总面积的30%左右。但是,由于种种原因,我国稻谷生产呈现一定的波动性和阶段性。自1997年我国稻谷产量创纪录,达到20 074万吨后,由于受到供求关系和价格等多种因素的影响,2000—2003年我国稻谷播种面积持续减少,产量下降。2003年,稻谷产量下降到16 066万吨,2004年以来,在国家的一系列惠农政策的支持下,稻谷生产摆脱了连续下降的趋势,稻谷产量开始上升(资料来源:道通期货网站,http://www.doto-futures.com)。到2010年年底,我国稻谷总产

20 000.3 万吨，同时，稻谷单产也有所上升，达 6.672 吨/公顷。

(二)小　麦

小麦产区遍及我国各地。我国种植的小麦以冬小麦为主，约占小麦总播种面积的 85%，主产区集中在山东、河南、河北、山西、陕西、甘肃、北京、天津等地。春小麦主要集中在中国北部的寒冷地区，种植面积占总种植面积的 15%，主产区有黑龙江、新疆、内蒙古、青海、宁夏等省、自治区。

小麦是仅次于稻谷的主要粮食作物。1991－2000 年，我国小麦总产呈下降趋势，尤其自 1999 年连续 5 年下降，到 2002 年，种植面积下降到 2 390.9 万公顷，总产量减小到 9 029 万吨。总产减少的主要原因是小麦价格比较低。随着国家粮食价格调控和市场因素的作用，2005 年后，我国小麦种植面积又出现了回升，到 2009 年，我国冬小麦种植面积上升到 2 429.1 万公顷（资料来源：和讯期货网，http://futures.hexun.com），总产量超过 11 500 万吨（中国统计年鉴，2010）。

(三)玉　米

我国玉米种植面积和产量仅次于美国，居世界第二位。玉米种植在我国分布很广，南至海南岛，北至黑龙江以北，东起台湾，西到新疆及青藏高原，都有一定面积的种植，种植面积最大的是山东、吉林、河北、黑龙江、辽宁、河南、四川七省（资料来源：中国融资资讯网，http://www.financinginfo.com.cn）。玉米也是我国重要的粮食作物，20 世纪 80 年代以后，玉米已经发展成为粮食、经济、饲料兼用产品。

20 世纪 80 年代以来，随着科学技术的发展和物质投入的增加，我国很多地区出现玉米大面积每 667 米^2 产 500～600 千克的丰产田。1991－2000 年，我国年均玉米播种面积为 22 971.2 千公顷，占粮食播种总面积的 20.6%，年均产量 11 069.4 万吨，占粮食总产量的 23.4%。到 2010 年，我国玉米产量达 1.77 亿吨（资料

来源:黑龙江农业信息网,http://www.hljagri.gov.cn)。20世纪80年代后,我国玉米大部分转供饲料,并开始进入国际市场。

二、谷物需求状况

(一)稻 谷

新中国成立以来,我国稻谷消费量一直保持着较快的增长速度,到2010年,我国稻谷消费量进一步上升至18 650万吨(资料来源:中国种植技术网,http://zz.ag365.com)。我国稻谷消费主要由以下几部分构成。

1. 口粮消费 稻谷是我国城乡居民主要的口粮作物,2010年口粮稻谷消费量达到15 625万吨,占到稻谷消费总量的84%。

2. 饲料消费 用作饲料的稻谷量是除用于口粮外的第二大消费量。目前用作饲料的稻谷消费量呈上升趋势,1999年饲料用稻谷量为523万吨,占总消费量的3.9%,2010年饲料用稻谷消费量为1 650万吨,占总消费量的8.85%。

3. 工业消费 稻谷的工业消费用量也呈上升趋势,1999年为144万吨,到2010年上升到950万吨,占总消费量地5.1%。

4. 其他消费 其他消费主要是用于种用等消费,我国2010年其他消费稻谷量为425万吨,占总消费量的2.3%。

(二)小 麦

小麦作为我国主要的粮食产品,其需求受人口数量、经济发展水平、小麦生产情况、城乡居民收入水平及消费习惯、饮食偏好等各方面因素的影响。

1. 口粮消费 1999—2002年,我国小麦口粮消费有所增加,从1999年的9 879万吨上升至2002年的10 227万吨。但随着人们生活水平的提高,小麦消费在一定程度上被蔬菜及其他副食品替代,2003—2010年口粮消费有所下降,到2010年口粮消费约8 100万吨(资料来源:东方财富网,http://guba.eastmoney.com)。

2. 工业用消费 工业用消费在小麦总消费量中所占的比重并不是很大。但是，近年增长速度很快，1999 年工业用消费小麦仅为 140 万吨，2010 年上升至 1 050 万吨（资料来源：中国谷物网，http://www.ex-grain.cn）。

3. 其他消费 小麦其他消费主要集中在种用小麦上，种用小麦占总需求量的 5%左右。随着精密播种等技术的应用和推广、种子质量和种植条件改善以及种植技术的提高，近年种子用量有所减少。

（三）玉 米

玉米是一种重要的粮（食）、饲（料）、经（济）兼用产品，在玉米消费中，饲料消费、口粮消费和工业消费占有突出地位。

1. 饲料消费 玉米是“饲料之王”。据报道，100 千克玉米的饲用价值相当于 135 千克燕麦，120 千克高粱或 150 千克籼米。以玉米为主要成分的饲料，每 2～3 千克即可换回 1 千克肉食，玉米的副产品秸秆也可制成青贮饲料。世界上大约 65%～70%的玉米都用作饲料，发达国家高达 80%，是畜牧业赖以发展的重要基础。

(1) 玉米籽粒 玉米籽粒特别是黄粒玉米是良好的饲料，可直接作为猪、牛、马、鸡、鹅等畜禽饲料，特别适用于肥猪、肉牛、奶牛、肉鸡。随着饲料工业的发展，浓缩饲料和配合饲料广泛应用，单纯用玉米作饲料的量已大为减少。

(2) 玉米秸秆 也是良好饲料，特别是牛的高能饲料，可以代替部分玉米籽粒。玉米秸秆的缺点是含蛋白质和钙少，因此需要加以补充。秸秆青贮不仅可以保持茎叶鲜嫩多汁，而且在青贮过程中经微生物作用产生乳酸等物质，增强了适口性。

(3) 玉米加工副产品 玉米湿磨、干磨、淀粉、啤酒、糊精、糖等加工过程中生产的胚、麸皮、浆液等副产品，也是重要的饲料资源。

2. 口粮消费 在生活水平较低地区，玉米是重要的食粮。在城市及较发达地区，玉米是调剂口味不可缺少的食品。随着食品机械和加工工艺的开发，新的玉米食品，如玉米片、玉米面、玉米糝渣、特制玉米粉、速食玉米等随之产生，并可进一步制成面条、面包、饼干等。现今全世界约有1/3的人口以玉米籽粒作为主要食粮，其中亚洲人的食物组成中玉米占50%，多者达90%以上，非洲占25%，拉丁美洲占40%。在“玉米的故乡”墨西哥，食用玉米的年消耗量达1 300万吨，甚至国宴当中也不可或缺；在发达国家和地区，玉米也被作为补充人体所必需的铁、镁等矿物质的来源为人们广泛食用。

3. 工业消费　工业消费玉米量占国内玉米消费总量的8%～10%。利用玉米做原料可以加工出许多产品，目前世界上已开发出来的玉米加工产品多达几十类、数千个品种，主要有饲料、淀粉、淀粉糖、酒精、玉米油、淀粉塑料、玉米食品及其他深加工产品。在美国，淀粉、甜味剂和乙醇占据玉米深加工产业的95%。近年来中国的情况虽与此不尽相同，国内玉米加工工业上只开发了二三十个品种，但上述三类产品的开发也明显加速。

三、谷物营销

（一）谷物营销环节

谷物营销环节包括收购、检验、分级、包装、运输、储藏、加工和销售，其中起主导作用的是收购和销售。但由于谷物存在产地差异性和生产季节性，对谷物运输和储藏是不可或缺的条件，没有运输和储藏，收购和销售就很难完成。谷物营销环节见图9-1。

（二）谷物营销渠道

1. 收购渠道

（1）保护价收购　所谓粮食保护价，是指以保障工业用粮、饲料用粮以及粮食储备为目的，国有粮食企业按照国家当年的粮食保护价向农民无限制收购粮食的制度。从1998年起，国家推行以

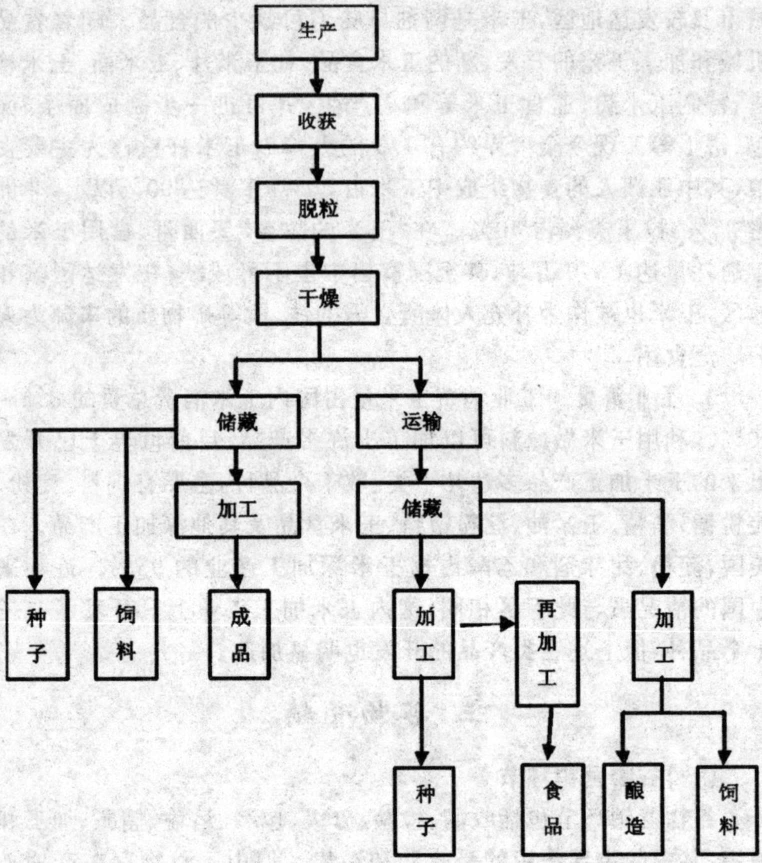

图 9-1　谷物产后系统图

"三项政策、一个完善"为主要内容的粮食购销体制改革，其中一项非常重要的政策就是对粮食进行保护价收购，从新粮上市起，进一步放开粮食收购价格，由取得经营资格的企业随行就市收购，同时对重点粮食品种实行最低收购价，即在粮食市场价格低于最低收购价格时，国家将指定部分粮食经营企业按照最低收购价格敞开收购。这是对种粮农民实行的一种间接补贴方式，国家每年都要拿出数百亿元通过国有粮食企业这个中间环节进行补贴。对粮食进行保护价收购的单位主要是国有粮食企业和工业用粮及经营企业。

①国有粮食企业：当前，稻谷、小麦和玉米在我国具有生产优势的大部分区域仍然属于保护价收购范围。按照国家有关政策，对于列入保护价收购范围的粮食，由国有粮食购销企业常年敞开收购。因此，在谷物主产区国有粮食企业仍是谷物市场的主要经营渠道。保护价收购的谷物营销渠道见图 9-2。

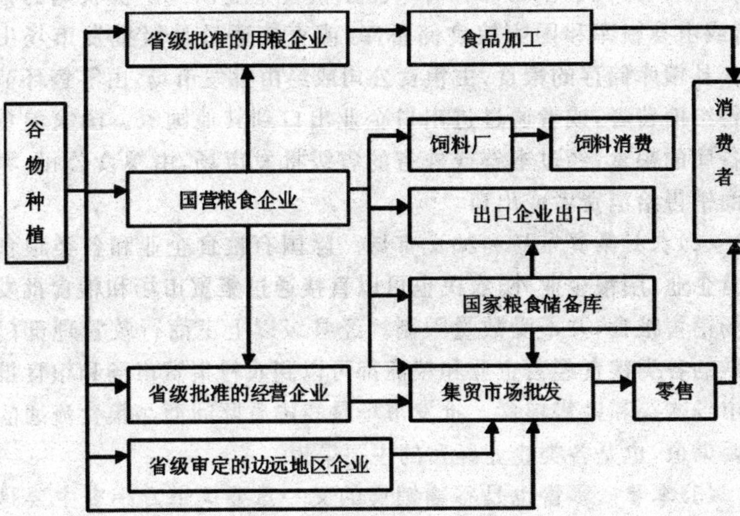

图 9-2　保护价收购的谷物营销渠道

②工业用粮及经营企业：对于列入保护价收购范围的粮食，除国有粮食企业外，经省级工商管理部门批准的用粮企业、粮食经营企业可以按照国家有关粮食收购政策直接到农村收购粮食。对于经批准的大型工业用粮企业还允许跨地区到粮食产区直接参加收

购，或委托当地国有粮食购销企业收购自用粮。另外，经省级政府认定，对于交通不便的边远地区，允许经地、市或县级工商行政管理部门审核批准的粮食经营企业到农村收购粮食。

在稻谷、玉米和小麦的主产区，作为主要粮食作物，均在收购范围之内。

(2)非保护价收购　对于已经退出保护价收购的粮食，经地、市或县级工商行政管理部门审核批准的各类粮食经营企业、用粮企业，都可以到农村直接收购粮食。

2. 销售渠道

(1)按照国家保护价收购　国家粮食企业以保护价收购的粮食，或由县粮库和国家粮食储备库，或直接通过县级批发市场出售。县粮库储存的粮食，由粮食公司或经由批发市场，由零售环节销售给消费者，或者通过进出口企业出口到其他国家。国家粮食储备库的粮食，经过本省或外省的省级批发市场，由粮食公司、零售商销售给消费者或出口。

(2)农村集贸市场和批发市场　除国有粮食企业和各类粮食经营企业、用粮企业外，农民也可以直接通过集贸市场和粮食批发市场销售粮食，并不受数量限制。经县级以上工商行政管理部门批准的各类粮食经营企业和粮商都可以到农村集贸市场和粮食批发市场购买和销售粮食。批发市场是我国省际间商品粮食流通的主要渠道，也是各类企业经营的主要渠道。

(3)零售　零售也是谷物销售的又一重要渠道。小麦主要是经过加工以面粉的形式出售给消费者，消费者消费稻谷实质是消费大米。零售面粉、大米的营销机构主要有粮店、加工企业、中间经营者等几种，而玉米除有少部分经简单加工后直接销售给消费者外，绝大部分是作为工业原料、饲料，其零售环节在整体销售过程中地位相对较弱。

第二节 棉花营销

一、棉花供给状况

我国棉花生产一直处于重要地位。2007 年我国棉花种植面积 559 万公顷，产量 760 万吨；2009 年的植棉面积为 406 万公顷，产量 650 万吨；2010 年我国棉花种植面积 531 万公顷，产量 597 万吨。按棉花生产的自然条件要求和比较优势的原则，可将我国棉花划分为以下三个棉区（即所谓“三大棉区”）：长江中下游棉区，包括上海、浙江、江苏、湖北、安徽、四川、江西、湖南八省、直辖市，近年来种植面积稳中有减；黄河中下游棉区，包括河南、河北、山东、山西、陕西、辽宁六省，近年来种植面积稳中有升；新疆棉区，新疆棉区种植面积最大，植棉面积在 100 万公顷左右，主要是生产建设兵团、农场从事棉花生产，生产的机械化、现代化水平较高，并已形成规模经营，因而产量在全国居首，产量占全国 30%左右。新疆棉区包括新疆和河西走廊一带，种植面积稳中有升。新疆棉花以纤维长、色泽白、拉力强著称，是我国最具有发展潜力的新辟棉区。

除三大主产棉区外，京、津、甘肃、广西、云南等地也有分散种植，但其产量合计占全国棉花总产不到 1%。

二、棉花需求状况

棉花主要以直接供应棉纺工业为主，棉农自用的絮棉用量相对稳定，且占份额不是很高。

我国是一个人口大国，服装作为生活必需品在城乡居民日常消费中具有重要地位，而且，随着我国居民生活水平的提高和消费倾向的变化，棉纺服装正在逐步替代化纤服装，国内棉纺产品市场正在逐渐扩大。据国家统计局资料，20 世纪 70 年代、80 年代和 90 年代，我国棉花平均消费量分别为 250 万吨、385 万吨和 400 万吨，自 2000 年以来，棉花消费量更是明显增加，2002－2005 年，我国年均消费量为 772 万吨。与此同时，随着我国轻工产品国际贸易的发展，棉纺产品、服装出口量也在逐年增加，2004—2009 年，我国棉纺织品及棉制服装出口保持较快增速，年均增长 20%（资料来源：昆仑网，http://www.xjkunlun.cn）。

从我国的棉花生产和棉纺工业的需求布局来看，供给与需求模式主要有以下几种类型。

（一）输出原料型

新疆是我国目前最大的棉花生产区域，其棉花生产能力超过了当地棉纺织工业发展需求，因此新疆的绝大部分棉花资源要销往全国各地和满足国家对棉花出口的需求。

（二）输出部分原料型

由于具有资源优势，在部分棉花主要生产区域如山东、河北、河南、安徽、湖北等省，棉花的生产能基本满足当地的棉纺需求并有部分销往其他省份，但对于高等级棉花则还需要从新疆购买或者从国外进口。

（三）输入原料型

北京、天津、上海、江苏、辽宁、浙江、陕西等省、直辖市的棉纺织能力大于当地的棉花生产能力，需要从其他省或从国外进口才能满足当地对棉花的需求，其中京、津、沪三市的棉花生产量很小，原料基本上依靠从外省份购买，其他地区虽然当地有一定数量的棉花生产，但数量不足，需要购买其他省份或者从国外进口相当数量棉花。

（四）完全输入型

内蒙古、吉林、黑龙江、福建等省、自治区基本上不生产棉花，因此需要从外地购买棉花供当地纺织业加工生产。此外，由于我国各区域棉纺织工业技术条件的差异，各地纺织企业对棉花等级的需求也不同，如技术好的沿海地区，其纺织产品主要是向高档次、出口型发展，因此沿海地区纺织企业倾向较高质量的棉花；而内地和产棉区的纺织企业主要用于生产中、低档产品，面向国内市场，所以内地纺织企业多是需求一般质量的棉花。

三、棉花营销

(一)棉花营销过程

1. 棉花生产计划　棉花的生产计划是棉花营销的第一个环节。2002 年以后，棉麻企业已脱离供销社的领导，棉花生产也完全按照市场供需和市场价格进行自我调整。因此，无论棉农还是大型棉花种植农场，在播种棉花之前都应当根据市场需求和价格变化趋势合理安排生产。目前许多地方推行订单棉生产方式，这在稳定棉花生产、保证农民收入、满足纺织行业需求等方面起到了一定积极的作用。

2. 棉花收购　由于各棉花区域的气候条件差异，棉花收购时间并不统一，有些地方从 8 月上中旬开始收购，也有些地方要到 9 月中下旬才开始收购。一般来讲，棉花年度是从每年的 9 月 1 日开始算起。一般来讲，棉花收购的程序，先是扦样，扦取的棉样送到检验室，按规定程序进行检验，然后把结果告诉棉农，如果棉农有不同意见，还可重新验级，如果棉农同意，就过秤入库，按照不同等级支付棉农不同的价格，完成收购过程。

3. 棉花检验　棉花的分级检验是棉花收购、加工、储存、销售环节中确定质量、衡量使用价值和市场价格的关键环节。我国棉花按类型分为两种：白棉和黄棉。根据棉花的成熟程度、色泽特征、轧工质量，将棉花品级分为一至七级，三级为品级标准级，七级以下为级外棉。长度以 1 毫米为一个档次，28 毫米为长度标准级。各个等级的表示为品级加长度，如 327 级，表示三级 27 毫米。

黄棉最高等级为四级。五级棉的最大长度是27毫米，六级和七级棉的长度规定为25毫米。但一般规定五级以下为等外品，市场销路不好。正常年景，我国棉花绝大部分在三级以上。

4. 棉花加工 棉农从棉株上摘下含有棉籽的棉花叫籽棉，籽棉经过加工后去掉棉籽的棉花叫皮棉，习惯上所说的棉花产量，一般都是指皮棉产量。所谓棉花加工就是通过轧花机把棉纤维同棉籽分离开来的工作过程。皮辊轧花机加工出来的皮棉叫皮辊棉，锯齿轧花机加工出来的皮棉叫锯齿棉。皮辊棉轧工质量不好，生产效率低；锯齿轧花机加工出来的皮棉轧工质量好，但对棉花纤维有一定的损伤。目前陆地棉的加工基本上都用锯齿轧花机，长绒棉的加工使用皮辊轧花机。轧花机加工成的皮棉经打包机打成符合国家标准的棉包。国家标准皮棉包装有三种包型：85千克/包（±5千克）、200千克/包（±10千克）和227千克/包（±10千克）。轧花后的棉籽，可以剥取棉短绒，用于造纸和生产化纤等，每50千克籽棉可以轧皮棉16.5～18千克，棉短绒2千克。剥绒后的棉籽，可以榨油，一般每50千克棉籽出油7.5千克。

棉花加工是一个连续操作过程。因此，要收购到一定数量之后才能开始。通常在收购开始后一个月左右进行，即10月中下旬开始加工，到翌年4月份基本结束。

5. 棉花储备 棉花的储存要求交通便利、防火、通风、防潮、防止霉变等。由于棉花是易燃品，所以在储存和运输等各个环节都要特别注意防火。棉花符合储存条件时保质期较长，一年之内品质不会发生大的变化，超过一年，即使品质有一些变化，一般也不会影响使用。储存时间过长的棉花，会影响到色泽和品级。2001年以后，国务院决定成立棉花储备管理中心，专门负责国家储备棉的管理。2003年3月28日，由国务院批准组建的中国储备棉管理总公司（简称中储棉公司）在北京正式成立。中储棉公司目前下辖16个直属库，现已建成天津、青岛、徐州、盐城、阜阳、绍兴、漯河、武汉、岳阳、九江、泾阳、兰州 12 个，广州、德州、库尔勒在筹建中，并有 160 余个代储库，分布于全国各主要棉花产销区，总公司对各直属库实行垂直管理。全部建成后，总仓容能力将达到 100 万吨以上。中储棉公司的主要职能是：受国务院委托，具体负责国家储备棉的经营管理，负责国家储备棉的购进、储存、调运、销售和进出口业务；负责国家储备棉储存安全，适时对国家储备棉进行轮换，保证棉花质量；负责中央棉花直属库的建设、维护和管理，提高仓储能力和效率，确保国有资产保值增值。

6. 棉花销售　1996 年以前，国家对棉花价格、收购、销售渠道实行严格的计划管理。1996 年以后至 1999 年以前，国家开始对棉花调拨价格实行小幅的浮动，举办国家棉花交易会，实行供需见面。1999 年以后，国家逐步放开了棉花价格和销售渠道，采取对棉花收购企业进行资格认证制度，并开办了全国棉花交易市场，经过近几年的发展，我国的棉花市场经营体系正逐渐趋于完善。

（二）棉花营销渠道

我国的棉花营销渠道见图 9-3。

1. 收购渠道

（1）*棉麻公司*　棉麻公司原隶属于供销总社。2002 年以后国家采取了“社企分开”政策，棉麻公司成为自主经营、自负盈亏的棉花经营企业。由于几十年来棉麻企业已形成棉花经营上的规模化，因此棉麻企业在棉花经营中仍然具有一定优势，特别是在主产棉地区的棉麻公司，目前仍是棉花收购的主要渠道。

（2）*民营棉花收购和加工企业*　许多主产棉地区纷纷建立了一些由民间资本投资的棉花收购加工企业。在新棉上市时，这些企业就派出业务员到各棉农家收购棉花，或者棉农到这些企业去交售。民营企业再将自己加工好的棉花直接销售给用棉单位。目前民营棉花加工企业已经成为我国棉花市场化经营的有机组成部分，也是推动棉花市场有序竞争的不可缺少的力量，随着我国棉花营销体制改革的深化，民营棉花加工企业将在我国棉花市场中扮演重要的角色。

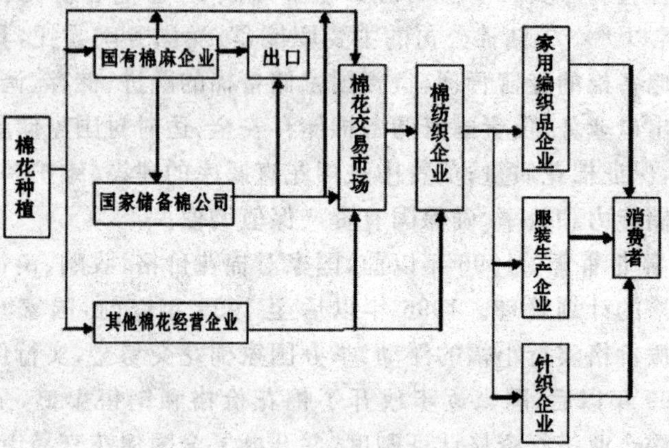

图 9-3　我国棉花营销渠道图

(3)纺织企业　纺织企业是棉花消费量最大的最终用户。目前越来越多的大型纺织企业纷纷参与棉花的收购，甚至直接参与棉花的生产运作，以确保棉花的质量和需求量，如山东魏桥纺织集团、亚东纺织集团等，都与当地或其他棉花生产区域签订常年生产购销合同，并参与生产管理过程，不但保证了棉花的品质要求，还降低了棉花购买的成本。

2006 年 10 月 10 日，国家发改委、国家工商总局、国家质量监督检验检疫总局联合下发了《棉花加工资格认定和市场管理暂行办法》，打破原有的棉花收购垄断状态，对棉花收购不再实行资格认定制度，但棉花收购者仍要承担明码标价、按国家标准和技术规范收购棉花等义务，要求从事棉花收购业务的企业或个人，到工商行政管理部门办理营业执照。同时，针对目前棉花加工企业过多的情况，提高了棉花加工市场准入门槛，并对棉花加工资格认定条件做了统一规定。

2. 销售渠道

(1)现货交易 用棉单位可以直接与各地棉麻公司、棉花经营企业签订供销合同，购买符合要求的棉花产品。由于各地原棉麻公司都有自己的棉花加工厂和棉花储备库，用棉单位直接从棉麻公司购买棉花，既能保证质量，也能保证及时供货。

(2)全国棉花交易市场 全国棉花交易市场是中国棉花营销体制改革的产物，是由全国棉花交易会演变而来的，于1999年10月开始运行。全国棉花交易市场中心市场设在北京，在22个棉花主产区和主销区设立了常年交易工作站，为棉花交易双方提供交易结算、实物交收、质量检验、储运、信息咨询和培训等服务。全国棉花交易市场实行会员制，凡在中华人民共和国境内登记注册、具有独立法人资格的棉花经营企业、纺织企业、棉花进出口企业以及其他具有棉花经营权的企业，均可申请成为全国棉花交易市场会员。截至2005年5月，全国棉花交易市场会员和交易商超过500家。截至2005年5月，累计成交340万多吨(资料来源：批发网，http://www.3158.com)，全国70%以上的纺织企业通过交易市场购买棉花。

棉花交易市场目前共有3种交易方式：电子撮合交易、协商交易和竞买竞卖交易。电子撮合交易是指卖方在交易市场发布售棉邀约、买方在交易市场发布购买邀约，交易市场按照价格优先、时间优先原则确定双方成交价格并生成电子交易合同，并在交易市场指定交割仓库进行实物交割的交易方式。竞买竞卖交易是指买方将需求信息资料、卖方将拟出卖棉花的详细资料通过交易市场公告后挂牌报价，卖方自主减价，买方自主加价，以最高买价或最低卖价成交并通过交易市场签订购销合同并进行实物交割的交易方式，类似于拍卖和招标两种方式。协商交易是指双方协商成交价格，然后通过交易市场签订购销合同并进行实物交割的交易方式。全国棉花交易市场的建立不但为棉花供需双方提供了买卖交易的平台，也为国家运用国储棉对棉花市场进行宏观调控提供了有效的场所。

(3)棉花期货市场　棉花期货已经在世界期货市场上有172年的发展历史，成为世界上众多纺织企业、国际棉商、棉花合作社规避风险、锁定价格、安排生产和贸易的重要的经济场所。长期以来，我国由于没有棉花期货市场，仅以棉花现货市场价格反映出来的信息来引导棉花市场，常常引起棉花价格的剧烈波动，也无法保证棉花价格的平稳性和资源配置的合理性。

棉花期货市场的形式主要是期货交易所，期货交易所是专门进行期货合约买卖的场所，一般实行会员制，即由会员共同出资联合组建，每个会员享有同等的权利与义务，交易所会员有权在交易所交易大厅内直接参加交易，同时必须遵守交易所的规则，交纳会费，履行应尽的义务。期货交易所不以营利为目的，主要靠收取交易手续费维持交易设施以及员工等方面的开支，费用节余只用于与交易直接有关的开支，不进行其他投资或利润分配。期货交易所的宗旨就是为期货交易提供设施和服务，不拥有任何商品，不买卖期货合约，也不参与期货价格的形成。

(三)棉花营销应注意的问题

棉花营销中最值得重视的问题就是质量问题。棉花质量一直是影响我国棉花国际竞争力和棉纺织产品质量的重要问题。棉花质量一方面与棉花品种有关，另一方面也与营销过程中混入的异性纤维问题有关，异性纤维即俗称的“三丝”(头发丝、纤维丝、牲畜毛发丝)。由于异性纤维的掺杂，严重影响了我国棉纱及棉布的生产质量，由此引起的外商索赔案件时有发生。

异性纤维混入的途径主要有：人工采摘时混入头发丝；棉农用塑编袋、尼龙绳等捆扎棉包，混入化纤丝；轧花厂收购的籽棉露天存放，混入异性纤维。棉花收购、加工企业在棉花经营中必须加强对异性纤维、色纤维的挑选，在籽棉加工过程中排除混入的异性纤维。目前许多用棉单位都对棉花中异性纤维含量提出了较高的要求，如果混入的异性纤维含量高，不但降低棉花的销售价格，而且还会面临退货的风险。

目前，所有的棉纺织企业都投入了大量人力来挑“三丝”，设专人把棉包逐一打开，逐块撕扯松散，逐根挑拣，一个中型企业一般设 300～400 人专挑。同时，许多棉花购销企业和纺织企业利用价格杠杆，控制“三丝”含量，即根据棉花中混入“三丝”的含量，相应提高或降低价格。

第三节　畜牧产品营销

一、畜产品类型

畜产品主要包括肉、蛋、乳、皮、毛、羽、绒、鬃等，其中占份额最大的是肉类产品、禽蛋和乳品。

(一)肉类产品

肉类按加工处理情况可分为生肉、熟肉和肉制品几大类。生肉又可分为热鲜肉、冷鲜肉、冷冻肉、冷却肉；熟肉与肉制品又有中式、西式两种，中式的有腌腊、熏烤、炖蒸等，西式的有火腿、香肠、小熏肠、罐头肉、午餐肉等。按家畜、家禽品种类划分，肉类又可分为畜肉、禽肉、杂畜和特种禽肉等，畜肉如猪肉、牛羊肉等，禽肉如鸡肉、鸭肉等，杂畜和特种禽肉如兔肉、驴肉等。

动物胴体实际上是一组产品组合，每种产品具有不同的市场、需求和价值，如我国出口禽肉中的冻鸡肉：鸡胸肉主销欧盟市场，鸡腿肉主销日本市场，鸡翅则国内市场消费。我国城镇居民猪肉消费中排骨和瘦肉消费比重占猪肉消费量的 1/2 以上，肥瘦相间的肉占 1/3 左右，猪杂碎也有一定的消费市场，而农村居民猪肉消费中肥瘦相间的肉则占 1/2 以上。

(二)禽蛋产品

在禽蛋产品中，鸡蛋及其加工品所占份额最大，随着人们生活水平的提高，其他禽蛋，包括鸭蛋、鹅蛋、鹌鹑蛋等的市场份额也在逐年上升。我国市场上的禽蛋主要包括鲜蛋及再制蛋制品。

1. 鲜蛋 鲜蛋包括鸡蛋、鸭蛋、鹅蛋、鹌鹑蛋和鸽蛋等，其中以鸡蛋数量最多，次为鸭蛋、鹌鹑蛋、鹅蛋。各类鲜蛋又分为两种：一是种蛋（即受精蛋），专供孵化雏禽使用；二是商品蛋（即未受精蛋），专供出售食用或是供为蛋品加工用的原料。

2. 再制蛋制品

(1)松花蛋 松花蛋是由鲜蛋做原料，经过加工变化而得到的产品，又被称为变蛋、彩蛋。松花蛋具有营养丰富、风味独特，耐藏等特点，既是我国广大人民喜食的大众食品，又是我国著名的传统出口商品之一。

(2)咸蛋 咸蛋又名盐蛋、腌蛋，是我国著名的传统再制蛋制品。咸蛋以新鲜鸭蛋或鸡蛋为原料，以食盐为主要辅料经腌制而成，具有味道鲜美、蛋白细嫩、蛋黄松沙、油露等特点，加之其加工方法简单和食用方便，因此，深受国内外广大消费者所喜爱。

(3)糟蛋 糟蛋是以新鲜鸭蛋为原料蛋，利用优质糯米酒糟及食盐为辅料，糟制而成的蛋体柔软、营养丰富、风味独特的高档土特产品。我国所生产的糟蛋，不仅被视为佐酒的佳品，更被视为一些病患者和产妇的高级补品。由于其营养丰富，并且具有开胃及帮助消化的功效，因此，它不但在国内深受广大消费者的喜爱，而且在国际市场上也享有很高的声望。

(4)熟蛋 包括虎皮蛋、五香茶蛋、卤蛋、五香熏蛋、“铁蛋”和醉蛋等。

(三)乳 品

乳品包括乳与乳制品。乳品因其较高的营养价值和均衡的营养成分,越来越受到人们的青睐,尤其是发展中国家,对乳及乳制品的需求量越来越大。

1. 乳 乳是哺乳动物为哺育幼儿从乳腺分泌的一种白色或稍有黄色的不透明的液体,是哺乳动物幼儿生长发育最适宜的食物,含有极其丰富的营养成分。能够为人类所食用的乳主要来自牛乳、水牛乳、绵羊乳和山羊乳。

目前发达国家98%的动物乳产自乳牛,而在有些发展中国家,有不到1/3的动物乳产自水牛、山羊、绵羊和骆驼等其他动物,根据市场占有情况,我们所研究的乳如没有特殊说明,将主要指牛乳。

2. 乳制品 乳制品是以哺乳动物乳为原料,经过物理方法或化学方法的加工处理生产的,既含有丰富的营养成分,又有可口的味道,并有一定保质期的食品。根据加工方法、工艺的不同,可将乳制品分为消毒奶、发酵乳制品和乳粉3类。

(1)*消毒奶* 又称杀菌鲜乳,是以新鲜牛乳为原料,经净化、杀菌、均质等处理,以液体鲜乳状态用瓶装或袋装以及其他形式包装的,直接或加热后可以饮用的商品乳。消毒乳按组成分类有:普通消毒乳、强化消毒乳和再制消毒乳。按杀菌方法分类有:低温长时杀菌乳(LTLT)、高温短时杀菌乳和超高温杀菌乳(UHT)。

(2)*发酵乳制品* 指用脱脂乳或全脂乳,经过特殊微生物发酵而制成的一种乳制品。发酵乳按原料组成分类有:全脂酸奶、半脱脂酸奶、脱脂酸奶。按发酵微生物特性分类有:适热发酵乳、适温发酵乳、含醇发酵乳。按产品健康特征分类有:普通酸奶、特殊酸奶。按产品组织状态分类有:凝固型酸奶、搅拌型酸奶。

(3)*乳粉* 乳粉是以鲜乳为原料,采用冷冻法或加热法除去全部水分加工而成,呈均匀粉末状而又干燥的乳制品。乳粉按所用原料、原料处理及加工方法不同分类有：全脂乳粉、脱脂乳粉、加糖乳粉、调制乳粉、速溶乳粉、乳精粉、乳油粉、冰淇淋粉、麦精乳粉、特殊乳粉。

二、我国畜产品生产特点

（一）集中性与分散性并存

畜牧生产包括繁育、仔畜饲养、育肥饲养等一系列环节，这些生产环节可以在一个农场中完成，如传统的农牧场，也可以在专业农场和企业中完成，如肉牛产业中的母牛与犊牛经营、育肥牛与幼牛养育和肉牛育肥饲养可以由不同的厂商分工完成，这种专业化会使肉类产品营销变得复杂，延长营销渠道和出现全新的市场，如育肥牛拍卖市场。

（二）资源优势倾向明显

与家畜生产专业化紧密相关的生产区域专业化和优势产区，主要取决于区域生产资源的优势，如牧场、草地、精饲料、农业劳力与农业资本投入等。

（三）生产单位多样

畜牧生产单位，既有大量的小生产者，也有少数规模大、现代化的牧场和畜牧饲养项目。我国农户家庭经营的畜牧项目，受农业资源与资金约束规模较小，其交易活动多在农村当地家畜交易市场完成。目前营销渠道中一体化合作与关系营销策略："公司＋农户"与"订单农业"，依靠龙头加工企业、外贸、商业、供销公司或中心市场发展起来的畜牧产业化经营，便较好地解决了分散农户小生产与大市场之间的矛盾。一些现代化畜牧生产项目倾向于生产专门化，如肉牛生产基地、肉羊生产基地、肉猪生产基地、羊毛生产基地、牛乳生产基地等，某些畜牧生产企业还经营饲料，有些农业企业从事畜牧项目则是为了利用富余劳力、闲置厂房、农产品剩余物等。专业化的畜牧企业，由于具有规模经济和较高的经营管理水平，其畜产品生产成本较低，质量也较为稳定，抵御市场风险能力较强，往往容易拥有较为稳定的营销网络和较为稳定的市场。

(四)产出与产品价格具有周期性和波动性

畜牧生产周期长，生产者却依据畜产品现价进行未来生产的安排，如一些农户、农场、牧场周期性地过量生产家畜，以获取他们认为的合理价格，而结果却是家畜价格常常低于生产成本，因为生物延迟现象，生产者对畜牧生产的调整常常达不到预期市场效果。根据较高市场现价的预期利润来扩大生产会保持一定数量的繁育群，为了将来的畜产品供应，短期内却减少了家畜销售，畜产品现价上扬；相反地，低价和低利润给家畜生产者发出减少生产的信号，家畜会被卖掉，增加了产品供应，短期内会使现价进一步走低。

(五)家畜的其他特征

如家畜畜产品是同质的，难于设定品牌，有些家畜由于庞大致使运输费用太高，大部分畜产品容易腐烂等，这些均会影响到畜产品的价格与营销模式。肉类产品、奶产品可以被冷藏或是鲜活的，这样家畜销售时间就可以推迟一些，通过改变家畜出栏时间和家畜的市场重量，生产者可以选择即期销售。当然这些选择也会有所限制，当延迟的销售也投放市场时，家畜即期销售从重量与畜龄方面看会有一定的价格折扣。

三、肉类产品营销

(一)肉类产品生产情况

从农业资源条件和专业化生产状况看，我国目前存在农区、牧区、半农半牧区和城市郊区 4 类畜牧生产区域，考虑到农业国际分工与竞争，充分发挥比较优势，使肉类与畜产品具有国际竞争力，国家将重点建设中原、东北两个肉牛优势产区，建设中原、内蒙古中东部及河北北部、西北和西南 4 个肉羊优势产区，重点发展东北、华北及京津沪 3 个牛奶优势产区。在畜牧优势产区，由于农业资源、生产技术、资本投入和产业化经营等有利因素，家畜与肉类产品生产成本较低，质量与价格在市场上具有较强的竞争力，自然也会有较高的市场份额。

我国肉类产品产量总体呈现递增趋势，至2009年达到7 649.7万吨(表9-1)。

表9-1　2000—2009年我国肉类产量(单位:万吨)

年　份	产　量			
	总产量	猪　肉	牛　肉	羊　肉
2000	6013.9	3966.0	513.1	264.1
2001	6105.8	4051.7	508.6	271.8
2002	6234.3	4123.1	521.9	283.5
2003	6443.3	4238.6	542.5	308.7
2004	6608.7	4341.0	560.4	332.9
2005	6938.9	4555.3	568.1	350.1
2006	7089.0	4650.5	576.7	363.8
2007	6865.7	4287.8	613.4	382.6
2008	7278.7	4620.5	613.2	380.3
2009	7649.7	4890.8	635.5	389.4

资料来源:中国统计年鉴

(二)肉类产品需求状况

近10年来，肉类的消费与人口收入水平呈正比关系。随着收入的增加，肉类消费数量同步增加，收入越高肉类消费越多。综合起来看，肉类消费最多的还是中高收入群体。据2007年的统计数字，全国农民年人均肉类消费18.74千克合一天50克肉。比全国平均肉类消费水平高出10千克的省有贵州28千克、四川和重庆31千克、云南32千克，广东最高为33千克。中国肉类消费正处在稳步增长阶段。农村改革以来的经济成长，引起食物结构的变化，最大特征就是畜产品消费增加。

(三)影响肉类产品消费的主要因素

1. 居民的可支配收入　我国城镇居民已整体上初步达到小康水平,肉类消费在居民食物消费中的比重在上升,其中大中城市是牛奶和肉类的集中消费区。但随着住房、教育、医疗、家庭轿车等消费项目费用增加,同时考虑到居民选择个人储蓄与投资,城镇居民肉类消费在食物中的比重将会较为稳定地增加,逐步步入富裕时期。农村居民的消费总体上处于温饱水平,食物支出中肉类支出总体上会有较快的增长,但与城镇居民仍会有一定差距。我国居民消费总体上东部沿海地区动物性食品消费比重及数量要大于中西部地区,部分较低收入居民还吃青菜面饭。随着营销网络的完善,中小城镇居民将会成为肉类产品消费增长较快的消费市场。

2. 居民的消费习惯与偏好　总体而言,西方居民偏爱肉食,我国居民则偏爱素食与肉食兼有。从肉类消费的产品种类来看,城镇居民消费牛羊肉比重大些,农村居民肉类消费中猪肉消费比重较大,占全社会消费量的 1/2 左右。信仰伊斯兰教居民以牛羊肉为主,不食猪肉。此外,从消费时间上看,节假日(如春节)是肉类产品的消费高峰期。

3. 畜牧生产状况与肉类产品供应　1985 年后我国肉类产品购销放开,较高的市场价格给生产者带来的较高收入,激励了畜牧业的快速发展,集约化、工厂化的养殖方式得以应用,继 1985 年禽蛋总产量居世界第一位后,1991 年我国的肉类产品产量又位居世界第一位。肉类产品的供应持续增加,我国鸡肉与猪肉等肉类产品已进入买方市场时期。

肉类产品的质量与产品加工也是影响肉类产品消费的重要因素,要像发展棉花轻纺产业一样发展畜产肉类食品产业,缩小与国际发达国家差距,逐步提高肉类产品在国际、国内市场上的竞争力。

(四)肉类产品营销渠道

1. 家畜市场 购买家畜通常有3种用途:繁殖种群、育肥需要、屠宰。家畜市场指为上述任何一个目的把家畜聚集在一起的市场。

(1)集中交易市场 集中交易市场常指“当地市场”,由独立或合作所有者运营,或由肉类生产公司运营来购买家畜。当乡村经销商有交易设施和大规模运营时,通常很难把这种市场与乡村经销商区分开。

(2)集散公共市场 这是一种大的中心市场。它收到家畜后加以管护,对所有愿意利用该市场的人均提供买卖方面的权益。市场设施通常由畜栏公司拥有,这种组织方式常被比做“家畜旅馆”,它不介入家畜买卖,仅提供交易设施并收取场地使用费。

(3)拍卖市场 拍卖市场在拍卖的基础上向公众销售,某些拍卖市场是育肥家畜和种畜的主要销路和货源,某些则是屠宰家畜的销路,并由肉类生产商、经销商以及其他类型买主资助。

(4)地方合作协会 地方合作协会原来职能主要作为运输机构从畜牧生产者手中收集小批量家畜以整车批量运送到集散市场。许多协会从事更为广泛的服务,经常把他们的家畜直接卖给肉类生产商或其他买主,某些生产者团体从事讨价还价活动。

(5)乡村经销商 乡村经销商是为获利而买卖家畜的独立运营商,又称为贩运商。他们通常从农民手中购买家畜然后转卖给肉类生产商或其他的市场机构。某些经销商拥有小的营运场地,其他的则仅靠卡车运营,从畜牧生产者手中收购家畜。

(6)佣金商 农民通常把他们的家畜委托给佣金商作为他们的销售代理商,这些代理商收取佣金费用作为他们工作的报酬,佣金机构可以是私人所有也可以是合作所有,有些私人佣金商组织为所谓的家畜交易所,这些组织对其交易惯例进行自律并从事他们成员互相关心的其他一些活动。

(7)订单买主　订单买主收取一定费用,从集散市场、拍卖市场或产地为其他买主购买饲料和需要饲养的家畜。

(8)肉类生产与加工厂商的集货　某些家畜屠宰分割与肉类加工厂位于大的集散市场附近,通过集散市场设施管护他们的绝大部分家畜。位于产地或中央市场的有些厂家,在工厂内或在产区内会拥有他们自己购买家畜的场地。有些厂家从经销商、集中交易市场、拍卖市场或从畜牧生产者手中直接购买他们所需的家畜。某些情况下零售商或冷冻食品加工厂也自己购买和屠宰家畜。

绝大多数家畜买主和卖主利用多种市场和代理商。生产者关心的是当地买主和销售方式选择的数量对家畜价格的影响,当然家畜市场的竞争程度并不完全取决于家畜买主的数量,两家买主之间会同十家买主一样激烈竞购。可以利用电子商务手段,如长途电话、传真、E-mail、国际互联网,再加上现代运输,可以快速地扩展卖主的营销选择,进而维持当地市场的竞争状态。

2. 家畜市场营销模式

(1)分散营销　分散营销又称为直接营销,指家畜销售在畜牧生产者与肉类加工商之间直接进行,没有使用集散市场设施的服务,分散营销使家畜定价的地点由中央化的集散市场转移到众多的乡村地点。分散营销代表情形是:肉类加工厂商从畜牧产区拍卖市场、乡村经销商那里购买家畜。

(2)集中营销　某些畜牧生产者利用集散市场销售家畜,即集中营销。现代通讯网络和电子商务,可以把所有当地市场与集散市场联结起来,成为一个虚拟的统一市场。

分散营销和集中营销两种营销模式并存,各有优点和不足。基于需要、偏好和经济回报,每个畜牧生产者与肉类加工企业都会选择最有利的营销渠道,他们的选择反映了两种营销模式下的价格、营销成本和净回报,并不是高价位或低营销成本单一因素决定如何选择,重要的是所有买主和卖主均可自由地在现实营销模式中选择。有许多畜牧生产者偏爱直接营销,原因是直接营销需要很少的营销服务,因此对畜牧生产者来说只有很少的个人营销费用支出;直接销售产品损失和营销的价值缩水较小,且更加便利;利用分散营销,在家畜定价和出售前,畜牧生产者对家畜保持实际控制,所以许多畜牧生产者也偏爱分散营销。某些畜牧生产者仍然利用集散市场,某些情况下也许没有别的选择,但是规模小的生产者常看重集散市场提供的服务,在集散市场上有更多的买主和卖主亲自光顾集散市场,竞争更加激烈。

分散家畜市场的定价效率也受到关注,对畜牧生产者来说,众多的家畜分散市场上收集和发布价格方面准确有用的市场信息是困难的,人们建立了畜牧产业的电子商务和虚拟的统一市场,试图在分散化市场上保持集中交易的定价效率。

不同的畜产品和肉制品可以通过不同的营销方式销售,我国城镇居民喜欢从农贸市场购买新鲜肉家庭烹制,而目前的小包装鲜肉与中西式肉制品已通过专卖店、连锁店、超市等进入城市居民家庭。从家畜的肉类市场供应和城乡居民购买力来分析,我国目前有些肉类产品如猪肉、鸡肉等已出现买方市场,肉类消费正步入讲质量安全,讲品味营养,比较产品的价格与加工,以消费者为中心的买方市场营销时代。

(五)肉类产品安全

造成食品不安全的直接原因,是食品从生产到餐桌的各个环节都有可能受到有害物质的污染,加之缺乏监测和规范管理,不能及时地处理而使其流入市场。在肉食品生产过程中受有害物质污染致使质量下降的因素很多,大致有5个方面。一是动物疫病。包括在养殖过程中因畜禽疫病带来的细菌和病毒以及在治疗后留下的兽药残留。二是饲料和饲料添加剂中带来的各种有害物质。如重金属、硫黄类、四环素等兽药残留超标。三是人为非法添加有害物质。生产者在饲料中人为地非法添加瘦肉精、三聚氰胺等有害物质。四是环境污染。即从废水、废气和废渣（粉尘）中传入有毒有害物质。五是人畜互传的疾病。包括传染病和寄生虫病。

肉食品质量安全体系由生产、监管体系构成，主要包括健康养殖技术标准体系、肉品安全生产法律体系、可追溯的技术监测体系、市场准入管理体系以及安全教育体系等。

空气质量和水质量应符合养殖业环境质量要求，即符合《农产品安全质量无公害畜禽产地环境评价要求》《畜禽场环境质量标准》《无公害食品畜禽饮水用水标准》等规定。如在养猪生产中所用的饲料及原料必须执行国家《饲料卫生标准》《无公害食品生猪饲养饲料使用准则》。所使用的添加剂产品必须是农业部公布的《允许使用的添加剂品种目录》。药物添加剂的使用还要符合《饲料药物添加剂使用规范》，药物的使用必须符合《中华人民共和国兽药典》《兽药质量标准》《进口兽药质量标准》《饲料药物饲料添加剂使用规范》和《无公害食品生猪饲养兽药使用标准》等。生猪养殖中的品种改良、兽医防疫、产地检疫和重大疫病的防控有一系列的技术规程和法律法规，都必须严格执行。对屠宰场和肉品加工厂的标准和要求正在建立和完善。屠宰场的选址和建设都必须符合《动物防疫法》。建场地点不仅要远离城镇和水源，还要远离养殖场，位于居民区主要季风下风处和水源的下游。屠宰场的水质应符合《生活饮用水卫生标准》，其工艺和排污必须执行《生猪屠宰操作规程》。品质应按《生猪屠宰产品品质检验规程》进行检验。肉品检疫检验合格后，须加盖检验合格讫印章、饲养基地编号印章等，并符合《猪肉安全卫生要求》的规定。

近年我国发生的在猪饲料中非法添加瘦肉精、牛奶中添加三聚氰胺等事件，充分说明造成食品不安全的主导原因不仅仅是污染物的复杂和环境的变化，而是某些经营者道德败坏，为了牟取暴利而违法害民。所以，必须用法律的手段约束和制裁那些丧失良心的违法犯罪者。世界上任何一个对国民负责的政府,都非常重视肉食品安全工作,并制定一系列法律法规。我国也不例外,2009年6月1日正式颁布实施的《中华人民共和国食品安全法》,取代了1995年颁布的《食品卫生法》,新的《食品安全法》与旧法最大的不同是明确了生产经营者为第一责任人,同时也明确了各级政府和监管部门的责任。

四、乳品营销

(一)乳品的生产

1. 乳的生产 乳制品生产的原料来自哺乳动物的鲜乳,乳源是乳制品生产的基础。目前乳用型黑白花牛是世界上最常见的奶牛品种,原产于荷兰,亦称荷斯坦牛,国外一般平均产乳量为6 500～7 500千克。中国黑白花牛平均产乳量一般5 000～6 000千克,成年母牛均产奶量为3 156千克。总体看,我国奶类产量呈明显的上升趋势,近年我国乳产量见表9-2。

表9-2 2000—2009年我国乳产量 (单位:万吨)

年份	奶类	其中牛奶
2000	919.1	827.4
2001	1122.9	1025.5
2002	1400.4	1299.8
2003	1848.6	1746.3
2004	2368.4	2260.6
2005	2864.8	2753.4
2006	3302.5	3193.4
2007	3633.4	3525.2
2008	3781.5	3555.8
2009	3732.6	3518.8

资料来源:中国统计年鉴,http://www.stats.gov.cn

2. 乳制品的生产 全国乳制品生产厂家有1 500多家，大部分是小型企业，有97%的日处理鲜奶能力在100吨以下，与国外有不小的差距。

中国乳品行业，从1998年开始进入了高速增长阶段，直到2008年以前均保持两位数的增长。2005－2007年是乳品行业的黄金发展期，行业产量增长速度平均达到16%左右。2008年爆发的三聚氰胺事件对乳品行业带来了致命的打击，在当年的9月份至11月份，不少乳品企业的生产几乎陷入休克。由于国家对乳品行业的整顿措施得当以及龙头企业对安全生产意识的强化，2009年和2010年成为中国乳品行业的复苏期（资料来源：商务部配额许可证事务局网站，http://www.licence.org.cn）。近年我国乳制品产量情况见表9-3。

表9-3 2006－2010我国乳制品产量情况 （单位：万吨）

年 份	2006	2007	2008	2009	2010
产 量	1459.58	1787.44	1810.56	1935.12	2159.6

资料来源：中国奶业协会网站，http://www.dac.com.cn

（二）乳品消费

1. 乳品需求 乳品作为一种营养丰富而全面的理想食品，我国乃至世界对乳品的需求量在逐年增加。近10年间，世界乳制品的需求量年上升率为2%。其中，我国对乳制品需求将变得更高，不仅由于政府提倡牛奶及乳制品消费，随着高收入群体的增加，消费者饮食已经慢慢倾向都市化。另外，印度、巴西、美国、中东、北美等原油出口国对乳制品的需求也在逐渐增加。特别是美国和印度，因人口增加和经济的发展，其需求量不断升高。需求量高的地区，将带动国内牛奶及乳制品业的发展（资料来源：中国养殖网，http://www.chinabreed.com）。作为中国常温奶市场发展受益者的瑞士食品包装巨头利乐公司预测显示，2010—2020年的11年中，全球牛奶与其他液态乳制品的消费量有望增长30%左右，而中国将成为未来10年世界增长最快的市场之一。据预计，2013年中国液态乳制品需求量将从约250亿升增长到约350亿升。其中乳酸饮料与婴幼儿牛奶消费分别上涨60%与50%以上，强劲带动乳制品需求的增长。而印度作为全球最大牛奶消费国，其人口总量将不断增长，潜在市场巨大。到2020年，中印两国的液态乳制品消费量将占全球总消费量的1/3，而亚太地区的消费量将会继续领先于其他市场总和（资料来源：中国食品机械设备网，http://www.foodjx.com）。

2. 中国乳品消费特征 中国乳品消费结构存在明显的地区间消费差异、城乡间消费差异、人群间消费差异和乳品品种间消费差异。

（1）城乡差异 在中国，城乡乳品消费的差异突出。由于城乡居民的收入水平、营养保健意识和购买方便程度等多方面的不同，导致了他们对乳品消费的明显差异，在同样的消费习惯下，城镇居民比农村居民消费了更多的乳品。如1998年我国城乡居民乳品年人均消费量城市为7.25千克，农村只有0.93千克。

（2）消费习惯差异 消费习惯的差异也是形成中国乳品消费结构差异的重要因素。在拥有奶类消费习惯的牧区，乳品消费是牧民们的主要食品来源之一。比如，内蒙古自治区1999年人均消费鲜奶62千克，远远高于各地城市居民的人均鲜奶消费量（当然他们的消费主要是自用型消费，奶的商品化消费仍然很低）。

（3）品种结构差异 乳品的品种结构也是影响我国乳品消费的因素。由于中国居民不习惯对干酪、黄油、炼乳等的消费，在众多的乳品品种中，真正为人们喜欢的品种并不多。目前中国乳品消费主要是液体奶和奶粉两个品种。多年来，奶粉消费在乳品消费结构中所占的比重高达60%～70%，特别是在广大农村，全脂奶粉、全脂加糖奶粉和少量配方奶粉是人们乳品消费的首选。最近几年，在一些大中城市，人们开始喜欢消费保鲜奶、超高温灭菌奶、酸奶等液体奶，这些液体奶口味适中，营养丰富，正在得到广大市民的青睐。

(4)*消费人群差异* 在中国乳品消费结构中，人群结构特征非常突出。多年来，乳品消费主要集中在婴幼儿和老年人(3岁以下婴儿占60%，老人占20%)。人们普遍认为只有老、幼、病、弱、孕才需要补充营养，增强体质，一般中壮年中只有高级知识分子才对乳品消费感兴趣。随着收入水平的提高和消费观念的改变，消费者的年龄结构和职业结构发生了重大变化。

(三)乳品营销渠道

乳品有着自身的生物学特性，在选择营销渠道时，既要考虑一般营销理论又要结合其生物特性和国情，无论是对哪种乳品，都必须采用多种渠道的营销模式，保证营销的有序和畅通。

1. 企业直销模式 企业→消费者。企业在市区建立直销队伍，设立直销点，提高供货速度，甚至可以为消费者提供上门服务，保证产品能在第一时间，以最快的速度送到顾客手中，保持液态奶的新鲜和最佳口味。这种简单模式，略去批发商这一环节，可降低成本和产品价格，赢得消费者的信赖。

2. 批发商营销模式 企业→批发商(或代理商)→零售商→消费者。该模式借助批发商(或代理商)和零售商分销产品，销售服务更专业，效率更高。

(四)乳品企业营销网络

乳品企业营销网络是在企业总部领导下的综合营销模式，基本构成见图9-4所示。

在乳品企业营销网络中，总公司对企业总部负责，下设销售中心、信息网络中心和成本核算中心，负责对总公司销售情况进行综合汇总核算，提供总体信息。同时，又控制、协调各地分公司，分公司对总公司负责。成本核算中心对地区成本中心进行垂直控制，销售中心对各地批发市场或分销中心进行垂直控制，信息网络中心对各地区网络中心进行垂直控制，三者共同向销售总公司提供信息资料。销售总公司担负企业乳品的全部销售工作，负责全面统一的策划，保证发货、回款、宣传、信息传递和反馈，是企业销售的神经中枢。分公司对地区网络中心和各地批发市场、地区成本中心进行协调与控制，掌握各地销售、信息及成本情况，向总公司汇报。

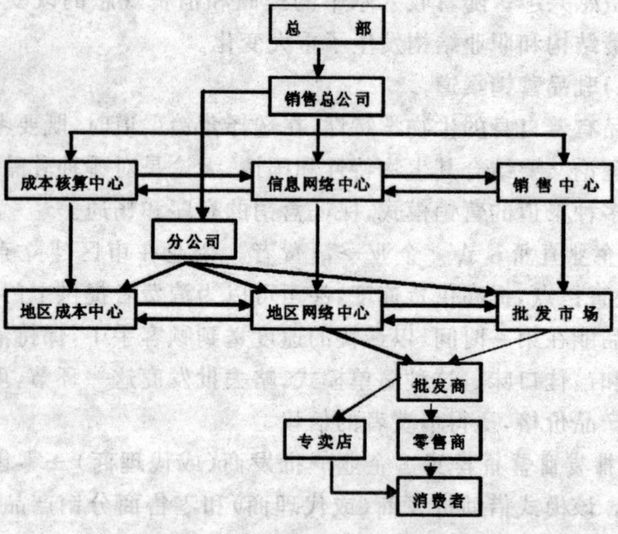

图 9-4　乳品企业营销网络体系

五、禽产品营销

（一）禽肉、禽蛋的消费需求

我国禽类产品消费需求持续快速增长，我国人均禽蛋和禽肉消费量在 1998—2007 年的 10 年里分别增长了 51％和 60％，达到人均占有 22 千克和 11.5 千克。禽蛋的人均消费量已经远远超过世界平均水平，与世界发达国家的平均消费水平相当。禽类产品已成为继猪肉之后最重要的动物蛋白源。

1. 禽肉的消费特征　①禽肉消费的地域差异显著。北方爱吃鸡肉，南方喜食鸭、鹅等水禽肉；就鸡肉而言，南方偏爱黄羽肉鸡，北方地区则基本上以消费白羽肉鸡为主。②沿海经济发达地区及城镇禽肉消费增长快于农村和经济欠发达地区，并且随着生活节奏的加快和快餐业的兴起，作为快餐食品主要原料的肉鸡的消费量逐渐增加。同时，肉鸡的小包装分割产品也不断增加，非常适合家庭消费。③猪肉、羊肉和牛肉价格高低对禽肉消费影响很大。

2. 禽蛋的消费特征　①城镇居民的禽蛋消费与农村居民的禽蛋消费存在较大差别，城镇居民禽蛋商品性消费所占比重很大，而农村居民的禽蛋商品性消费所占比重则很小，并且农村居民禽蛋消费量低。②在一定的消费水平下，居民收入与禽蛋消费量呈正相关关系，收入增加禽蛋消费量增加，反之，则减少。此外，收入越高的居民对鸭蛋、鹅蛋和鹌鹑蛋等其他禽蛋类及其制品消费需求和购买能力也高于低收入居民。③禽蛋消费对价格因素反应敏感，属消费弹性较大的食物。

(二)禽肉、禽蛋的营销策略

1. 禽肉的营销策略

(1)*产品开发策略*　适应消费需求，开发按部位分割的禽肉制品，如一只肉鸡可以分割出 200 个以上的品种，如鸡肉串、鸡肉肠、鸡肉脯、鸡爪等；开发低温禽肉制品、具有保健功能的禽肉制品等。

(2)*品牌策略*　首先把握市场需求脉搏，选择适合当地条件并能形成资源特色的优良品种或产品，其次要有市场促销意识，在广告促销上投入，让禽肉产品走上电视屏幕、报纸、电台，扩大知名度，提高市场竞争力和市场占有率，从而提高品牌价值。

(3)*包装策略*　优化禽肉产品的包装可以有效提高其附加值。

(4)嫩乳化策略　随着经济的发展和人民生活水平的提高，人们的消费习惯正在发生变化，猪肉要吃乳猪，鸡要吃仔鸡，在禽肉产销当中，也必须适应这一新的变化趋向，实施嫩乳化策略。

(5)差异化策略　广大消费者追求生活的多样性和个性化，实施差异化策略就是满足消费者对多样化、个性化禽肉产品的需求。一方面，向消费者提供不同于竞争对手的产品；另一方面，则是采取与竞争对手不同的形式或程序。

(6)市场定价策略　首先，深入了解消费者能接受的价格。其次，考虑经营者对价格能接受的价格，并留出经营者的利润空间，使之有利可图。再次，根据市场竞争对手情况灵活定价。最后，在《物价法》及政府物价部门的指导下以质定价，实行优质优价、特色特价，同时，还要注意灵活运用各种价格策略，如折扣价格、组合价格、促销价格、降低价格、心理价格等策略，使禽肉产品具有较高的市场吸引力和价格竞争力。

(7)促销组合策略　将各种促销方式按照目标要求和经营者条件，适当选择以一种促销方式为主，其他促销方式为辅，利用人员促销、广告、营业推销和公共关系等方式，交叉或几种方式综合运用，达到促销目标。

2. 禽蛋的营销策略

(1)产品开发策略　如创造禽蛋品牌、发展特种蛋和保健蛋生产等。

(2)土特化策略　搞好地方传统土特产品的挖掘和提升工作，积极发展品质优良、风味独特的野生畜禽，以特色禽蛋产品抢占市场，以野生禽蛋产品开拓市场，不断适应变化了的新的市场需求。

(3)产品差异化策略　对普通禽蛋产品重新定位，发现、开拓禽蛋产品新的功能效用，满足消费者的需求；运用禽蛋产品的形式产品的差异化，在构成实体产品的质量、特征、式样、品牌和包装的独特性上进行改革；在销售时间和销售渠道的差异上进行改革，利用生产季节性，巧打时间差；利用现代商业组织形态，采取多方式，多渠道销售产品，充分利用现代信息社会的通讯方式，网络设备，如进行电函、电话促销等。

(4)产品组合策略　适当增加产品类型，适当增加产品项目，合理考虑满足不同层次消费者的特殊需求，以扩大市场范围。科学地安排产品类型之间的关联性。

(5)促销及沟通组合策略　经营者与消费者沟通的方式主要有劝诱沟通（如设立免费咨询电话、上门走访、开座谈会、成立消费者联谊会、赠品赠券、提供购买便利条件等）、媒体沟通（如利用广告、包装、展示会、陈列馆、产品说明书等促销工具）、网络沟通（利用互联网络的一对一和交互式功能实现经营者与消费者的组合沟通）等。

(6)价格策略　综合考虑价格总体水平和国际市场价格等，积极利用季节差价、区域差价和消费者求新求异求廉等不同消费心理，应用定价技巧，选择季节性调价、区域定价、折扣定价、理解价值定价、促销定价等不同定价方式进行定价，使禽蛋产品具有较好的市场吸引力和价格竞争力。

第四节　园艺产品营销

一、水果营销

（一）水果产品

水果可以按多种原则分类。按水果商品习惯分类，可以分为水果（桃、苹果、梨、葡萄、柑橘、草莓、柿子、香蕉、荔枝等）、干果（板栗、红枣、核桃、榛子、松子、葡萄干，荔枝干等）、杂果（山楂、石榴、李、杏、橄榄等）、瓜果（西瓜、甜瓜、白兰瓜、哈密瓜等）；按水果果实构造分类，可分为仁果（苹果、梨、枇杷、山楂、沙果、海棠等）、核果

(桃、李、杏、梅、樱桃、杧果、橄榄等)、浆果(葡萄、杨梅、草莓、猕猴桃、柿、香蕉、无花果等)、坚果(核桃、板栗、白果、椰子、榛子、腰果等)、柑橘(橘、橙、柚、柠檬、佛手等)、复果(菠萝、桑葚、树莓)、瓜果(西瓜、白兰瓜、甜瓜、哈密瓜等);按水果加工方法分,可以分为鲜果、罐头、果汁、蜜饯、冷冻果品等。与常规商品相比,水果商品具有自己的特点。

第一,果品及其加工品均属高值产品。果品单位面积上的收益远比其他作物高,有"一亩园十亩田"的谚语,国际上均将水果、干果及其加工品列入高值产品之列。第二,市场容量大。果品是常年消费的生活食品,人年均需要 80 千克的水果才能维持身体健康。发达国家人年均消费水果在 100 千克以上,经济落后国家人年均消费水果也有几十千克。随着人民生活水平的提高和消费习惯的改变,果品市场的需求量会越来越大。第三,生产具有地域性和季节性。果品生产受生态环境和地理条件影响极大,优质果品都有其适宜的产区。此外,果品生产季节性很强,常常旺季供过于求,淡季供不应求,造成果品价格波动大。第四,鲜活易腐,不耐储运,对储藏和运输条件的要求也比其他商品要高,运输和储藏成本高。

(二)水果产品供应状况

中国是世界水果生产大国。自 1993 年以来,中国水果产量一直稳居世界首位。2000—2009 年,我国水果产量连续 10 年增长,2000 年中国水果产量 6 225.1 万吨,2009 年我国水果总产量增长到 20 395.5 万吨。其中,苹果、梨、桃、李和柿子的产量均为世界前 5 位。尤其是柿子和梨,中国的产量分别占世界总产量的 71.5%和 52.9%。苹果和李的产量也占世界产量的 40%左右。自 1993 年以来,苹果面积经历了先上升后下降的趋势,而产量则是稳中有升;柑橘、梨、葡萄和香蕉面积及产量均处于上升态势。中国苹果、柑橘和梨年产量都在千万吨以上,三大水果产量占到园林水果产量的58%。年产量超过500万吨的有香蕉和葡萄等水果。

表9-4　2000—2009年我国水果产量（单位：万吨）

年份	总产量	其中				
		苹果	柑橘	梨	葡萄	香蕉
2000	6225.1	2043.1	878.3	841.2	328.2	494.1
2001	6658.0	2001.5	1160.7	879.6	368.0	527.2
2002	6952.0	1924.1	1199.0	930.9	447.9	555.7
2003	14517.4	2110.2	1345.4	979.8	517.6	590.3
2004	15340.9	2367.5	1495.8	1064.2	567.5	605.6
2005	16120.1	2401.1	1591.9	1132.4	579.4	651.8
2006	17102.0	2605.9	1789.8	1198.6	627.1	690.1
2007	18136.3	2786.0	2058.3	1289.5	669.7	779.7
2008	19220.2	2984.7	2331.3	1353.8	715.1	783.5
2009	20395.5	3168.1	2521.1	1426.3	794.1	883.4

资料来源：中国统计年鉴

（三）水果产品消费

水果产品消费需求呈现明显的层次性、多样性、季节性和可诱导性，同时，由于水果产品种类之间具有相同的食用价值，可以相互代替，以丰补缺，以贱补贵，消费者购买水果产品的数量、品种、质量等往往随价格的变化而变化，因而需求弹性较大。水果消费形式往往表现为家庭型、休闲型、菜肴型、纯果汁型以及礼品型消费。其中，家庭型消费讲究消费的保健作用，休闲型消费讲究消费的情趣，纯果汁型消费讲究口感纯真，菜肴型消费讲究档次和色彩造型，礼品型消费讲究送礼者的身价。基于上述形式，在水果消费中，消费者往往表现出追求"早"（尽早尝鲜，以饱口福）、"新"（青睐各种应市的水果新品种）、"牌"（追求"名牌"风味）、反季和包装方便漂亮的心理。

(四)水果营销渠道

一般水果产品营销渠道主要分为7种基本形式(图9-5)。

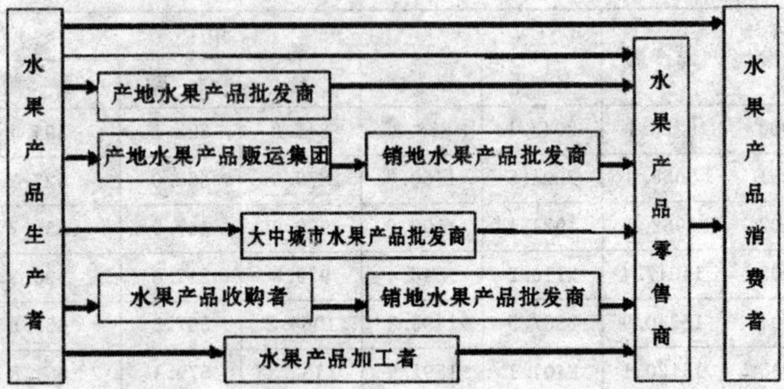

图9-5 水果产品营销渠道

水果产品营销受果品特性、储藏技术、运输条件、消费者的需求习惯、目标市场的经济状况等多种因素的影响。选择合理的营销渠道,有利于加快水果产品流通,节省流通费用,提高水果产品商品价值。一般地,选择水果产品营销渠道,应从以下几个方面考虑。

1. 时间、地点和时机 一般水果产品采收时货源充足,价格较低,是水果产品最好采购时间;传统的节假日水果产品销售量最高,是最佳销售时间。在地点选择上,则要选择适宜的采购地和目标市场,目标市场选择不当会抑制流通,有时还会造成严重亏本。因此,及时了解市场供需状况,抓住有利时机,采取"短、平、快"的水果产品流通渠道策略,格外重要。

2. 市场需求特性 不同地区的果品消费者在消费习惯、经济状况、购买心理等方面都有差异,这些因素都会影响水果产品销售,了解市场需求特性,做到心中有数,有的放矢地确定水果产品流通渠道是果品流通中不可忽略的因素。

3. 价格因素 水果产品流通渠道长,则费用多,风险大,价格高;水果产品流通渠道短,则费用少,风险小,价格可以降低。选择水果产品流通渠道一定要精打细算,考虑价格因素。

4. 产品特性 易腐不耐储藏的水果产品种类,货架期短,风险大;水果加工品也有一定的保质期,对此类水果产品易采用短渠道,以便及时上市,适时销售;较耐储藏的水果产品则可选择长渠道,以满足不同地区、不同市场需要;稀有水果产品宜选择窄渠道;大宗水果品种宜选择宽渠道;水果新产品的需求不稳定,通常也可考虑直接推销。

(五)水果产品营销策略

1. 水果产品市场策略

(1)市场细分

①按品种差异细分:分辨出消费者对不同水果品种的消费差异,有针对性地确定水果生产和销售品种,采取相应的经营和销售策略。

②按销售时间的差异细分:对水果产品消费者在不同季节对水果产品的需求量、质量、品质要求及愿意支付的价格差异进行准确分辨,确定水果产品销售的时间策略和最佳销售时间。

③按销售地点的差异细分:分析不同地域的水果产品消费者的需求量、品种、质量、品质特征以及愿意支付的价格,选择水果产品的最佳销售地区,采取相应的营销策略。

④按消费者的收入差异细分:明确不同收入水平的消费者对水果产品的消费差异,确立相应的产销策略。

⑤按水果产品的质量等级差异细分:对水果产品进行合理的等级分类,适应不同消费层次的消费者的需求量和愿意支付的价格,按质定价和准确定价,为消费者提供更多的品级和价格选择。

（2）目标市场策略

①单一目标市场策略：在水果产品生产规模较小、水果产品市场供不应求的情况下，水果产品销售通常应采用单一目标市场策略。

②专业目标市场策略：在水果产品生产者在品种、品质、销售渠道和销售方式上具有某种独占、分享、或有约在先的优势时，可采取专业目标市场策略。

③多元化目标市场策略：和单一目标市场相比，多元化目标市场策略有更多的销售渠道和销售对象，可以为水果产品生产者和销售者提供更多的机会，避免价格竞争，还可以选择效益最好的目标市场来销售果品。

④全目标市场策略：为了更有针对性地为不同子市场提供相对应的果品类型，使不同层次的水果产品消费者都得到满足，从而覆盖和占领全部水果产品消费市场，确立在水果产品市场中的主导地位，可以采取全目标市场策略。

2. 价格策略

（1）目标价格策略

①以收益为导向的目标价格策略：在水果产品市场供不应求、在产品质量或市场竞争中具有某种优势时，应采取以获取尽可能大的收益为导向的目标价格策略。

②以质量为导向的目标价格策略：若水果产品具有独特的质量和品质优势时，则应以按质论价的方式来制定水果产品的目标销售价格。

③以销量为导向的目标价格策略：在水果经营具有规模或数量优势，或者为迅速销售产品时，可以通过适当降低价格达到增加销售的目的。

④以分销为导向的目标价格策略：生产者为了吸引不同的水果产品营销商、批发商、加工厂等来购买果品，以一定的批零差价

或质量差价来确定目标分销价格，以充分调动他们购买水果产品的积极性。

（2）随行就市价格策略　和目标价格策略不同，随行就市价格策略是因地、因时采用市场价格来销售水果产品。在市场供求平衡时，随行就市价格策略可以保证获取市场平均收益，避免因价格定得过高或过低而影响水果产品销量和收益。此外，随行就市价格策略还有利于新市场的开拓带来的不利影响，避免引发和当地水果产品生产者或销售商的价格竞争，保持市场价格的相对稳定。

3. 多渠道分销策略

（1）产前分销　从上季水果产品销售后到下季水果挂果、定果之前这段时间内，通过和果商签订供货和生产合同的方式，把下一季或几季的水果产品预售给水果中间商、营销商、批发商或出口商。

（2）产中分销　从当季水果挂果、定果开始到摘果、收获之间的这段时间，通过和果商签订供货和生产合同，把本季水果产品预售给水果中间商、营销商、批发商或出口商。产中预售合同协议达成较晚，水果已经挂果定果，生产的主动性就没有产前预售那么大。水果产品生产者只能从合同达成之日起，尽最大努力按合同目标去做。

（3）产后分销　如果水果产品市场供求平衡，采用产后分销策略有利于水果生产者或销售商根据既定目标市场进行目标效益最大化生产和经营，增加经济收入和销售收入。但是，产后是水果销售的旺季，产品大量上市，短期供大于求，将促使水果产品价格下跌，水果营销商、批发商等会趁机压级压价，生产者为了急于出货也会竞相压价出售，从而使水果生产者利益受到损失。所以，产后分销是一种被动的选择，经常造成水果产品积压。

（4）人员推销　人员推销就是推销人员到市场潜力大或者有某种联系的目的地，上门向客户、果商、加工厂、工厂、企业、事业单位直接推销水果产品。人员推销取决于水果产品的质量和推销人员的推销技巧。人员推销要善于利用让利、价格折扣、价格随购买量增加而降低等手段来加大让利和促销力度，加快水果产品的销售。

(5)远距离销售　如果有足够大的产量规模以分担高昂的包装、运输、储藏和异地销售成本，同时地域之间的水果产品差价较大，使果商能获得比当地销售利润较高的收益，就可以采取远距离销售策略。

4. 水果产品销售的价格技巧

(1)差别定价技巧　差别定价技巧就是根据水果品种、品质、果实大小、着色程度、形状特征等的差别而分别按质论价的定价方法。

①不同品种差别定价：把几个不同品种的水果产品在市场上放在一起销售，为了增加某品种水果产品的销量，提高其他水果品种的销售价格，使消费者感到买该品种水果更合算。

②不同品质差别定价：将水果按果实大小、着色程度、形状特征等的差异又可分成不同的品级，为不同品级确定不同的价格，只要分类成本小于通过分类所增加的销售收入，就应采用质量差别定价技巧来销售水果产品。

(2)促销定价技巧

①折扣定价：为了促进消费者购买水果产品，在标定不同品种、不同品级水果产品的价格时为顾客留出一定的折扣余地，以低于标定价格的折扣价格让利销售，使每个顾客都感觉到价格的优惠，利用消费者的趋利心理促使其增加购买。

②让利促销定价：以量增价降的方式促使消费者增加水果产品购买量，即购买数量越多，平均单位价格越低，使消费者感到多买比少买合算。

③降价让利定价：把初市价格定得稍高一些，为中市和后市降

价留出余地，使那些观望的消费者在销售者在计划的降价后趁降价之机购买产品。

④涨价促销技巧：在水果产品市场由旺转淡、由供过于求转向供不应求时，涨价技巧有时也会引发消费者买涨不买跌的逆反消费心理，使消费者感到以后水果产品价格将会越来越贵，此时购买价格最为便宜，加快购买的速度。

⑤零数定价技巧：如果市场供给充足，自己的水果产品又没有明显的品质优势，在定价时把水果产品价格定为最接近于某整数的零数，如 0.99 元/500 克，49 元一箱等，使消费者产生水果产品售价大为便宜的心理感觉，从而诱发购买欲望，增加购买量。

二、蔬菜营销

(一)蔬菜产品

蔬菜可分为白菜类、甘蓝类、芥菜类、根菜类、绿叶菜类、葱蒜类、茄果类、瓜类、豆类、薯芋类、水生蔬菜、多年生蔬菜和食用菌类。其中，白菜类主要包括大白菜、油菜、乌塌菜和菜薹；甘蓝类主要包括结球甘蓝(别称圆白菜、莲花白)、花椰菜(俗称菜花)、木立花(俗称绿菜花、青花菜)、球茎甘蓝、芥蓝(也称盖蓝)；芥菜类有以种子、叶茎、根为产品的许多变种和品种，包括叶用芥菜(有大叶芥、花叶芥、宽柄芥、雪里蕻)、茎用芥菜(别名青菜头、榨菜)、根用芥菜；根菜类是以肥大的肉质直根为食用器官的蔬菜，包括萝卜、胡萝卜等；绿叶菜类食用部分以鲜嫩茎叶为主，主要有菠菜、芹菜、莴苣、香菜、茴香，茼蒿，木耳菜等；葱蒜类主要包括韭菜、大葱、洋葱、大蒜等；茄果类主要有番茄、茄子和辣椒；瓜类主要包括黄瓜、冬瓜、西葫芦、笋瓜、丝瓜、苦瓜和瓠瓜等；豆类主要有菜豆(四季豆)、豇豆、毛豆、刀豆、扁豆和青豌豆等；薯芋类蔬菜以块茎、块根、根茎以及地下球茎为产品，主要有马铃薯、山药、姜、芋头等；水生蔬菜主要有莲藕、茭白、菱角、莼菜、水芹等十余种；多年生蔬菜种类很多，有草本植物，也有木本植物，主要有芦笋，金针菜（黄花菜）、竹笋、香椿和百合等；食用菌类包括蘑菇、银耳、猴头菇、香菇、平菇和黑木耳等。

与其他商品相比，蔬菜具有生产季节性强、品种多样、鲜嫩易腐的特点，并且，由于蔬菜人人需要，天天需要的重要副食品，人们每天需要数量充足、营养成分搭配合理的各种蔬菜，所以，蔬菜消费相对均衡，同时，由于目前蔬菜生产受自然条件的影响较大，雨涝、冰雹、干旱、病虫等自然灾害经常发生，因此生产有较大的易变性与风险性，产量不稳定，而且，从市场角度看，蔬菜作为一种商品，既是人人天天需要的一次性消费品，又是鲜嫩易腐、储藏保鲜困难的鲜活商品，其生产对市场的依赖性较强，生产多了卖不掉，生产少了供不应求。产品的上述特性导致蔬菜营销具有时间性强、供给频度高的特点，同时，由于大部分蔬菜含水量高，且易腐，在蔬菜商品流通中要保证商品鲜度。

(二)蔬菜的供应状况

从20世纪80年代实施“菜篮子”工程以来，我国的蔬菜产业得到了长足发展，目前已是种植业中仅次于粮食的第二大农作物。据联合国粮农组织（FAO）统计，近年中国蔬菜播种面积和产量分别占世界的43%、49%，均居世界第一位。近些年，我国蔬菜面积迅速扩大，中国蔬菜播种面积2007年达到1 100万公顷，总产量5.65亿吨，人均占有量420多千克。

蔬菜生产不仅满足了国内消费，而且扩大了出口。加入世界贸易组织后，中国蔬菜出口增长势头强劲。据中国海关统计，2007年中国累计出口蔬菜817.59万吨，2009年全国的蔬菜播种面积1 820万公顷，总产量60 200万吨，蔬菜播种面积和产量分别占世界的43%和49%，人均占有量440多千克，均居世界第一位。中国已经成为世界上最大的“菜篮子”，蔬菜出口量已居世界首位。

从地域上看，我国已基本形成了华南冬春蔬菜、长江上中游冬春蔬菜、黄土高原夏秋蔬菜、云贵高原夏秋蔬菜、黄淮海与环渤海设施蔬菜、东南沿海出口蔬菜、西北内陆出口蔬菜以及东北沿边出口蔬菜八大蔬菜重点生产区域(资料来源:搜狐网,http://news.sohu.com)。

(三)蔬菜消费需求

蔬菜是人们生活必需的副食品,是人们每日必需的维生素、矿物质、有机酸、膳食纤维等的最主要来源,并且蔬菜在生活中的保健和治疗作用也越来越受到人们的重视。随着人民生活水平的提高,人们对蔬菜消费需求量会越来越大,并且对于蔬菜的需求也逐步由以往追求数量多、价格便宜变为追求产品的高质量、多品种、洁净、卫生、保健、方便和有营养。

蔬菜的消费受到消费者的消费习俗、偏好以及消费者的时尚心理、便利心理、猎奇心理的影响较大。随着人们生活水平的提高和消费观念的变化以及蔬菜供应的丰富,人们吃菜从原来的佐餐下饭正在向挑好选优、讲究无公害、追求营养的方向转化。食用安全洁净的蔬菜是人们的首选目标,鲜嫩、无污染蔬菜在市场上十分抢手,而高营养保健型蔬菜则更是受到广大消费者的青睐。同时,不少居民为了调剂口味,感受自然,对天然野生蔬菜的需求也在不断增加。人们不仅喜爱应时菜,对香辛类蔬菜如姜芽、香椿、紫苏、荷兰芹、留兰香球茎茴香等的消费量也日益增多。许多消费者还格外欣赏奇形异彩型蔬菜,并争取购买品尝。在超市包装净菜的销售也悄然兴起,拥有广阔的发展前景。正是蔬菜消费的多元化致使质优味美型蔬菜、营养保健型蔬菜、天然野味型蔬菜、奇形异彩型蔬菜和绿色安全型蔬菜等新型蔬菜不断在市场上涌现出来。

(四)蔬菜的营销渠道

蔬菜营销主要有图 9-6 所示的 5 条渠道。

(五)蔬菜的营销策略

1. 蔬菜营销市场定位策略　蔬菜市场定位一般有 3 种方式。

(1)针锋相对式定位　把蔬菜商品定位在与竞争者相似的位置上，同竞争者争夺同一市场，平分秋色。当生产、经营的蔬菜商品比竞争者的好，拥有比较雄厚的实力和更充足的资源时，可采用此法。

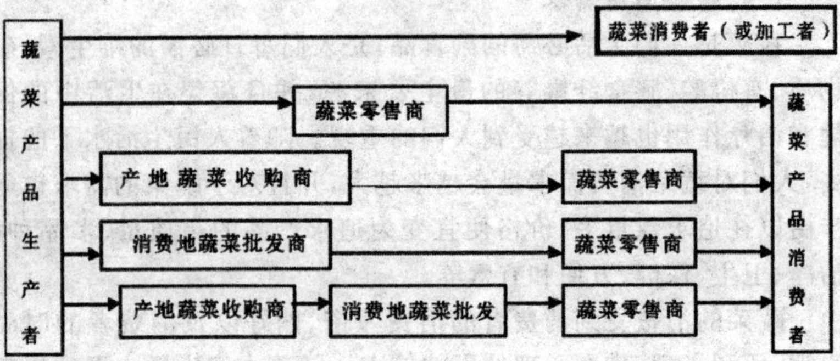

图 9-6　水果产品营销渠道

(2)填空补缺式定位　当潜在的蔬菜商品市场没有被发现，自己的蔬菜商品很容易地去占领，或者许多竞争者发现了这一营销机会，但无力占领时，就往该市场上输入自己的这种蔬菜，填补市场空白，占领这个市场。

(3)另辟蹊径式定位　蔬菜商品无力与同行业强大竞争者相抗衡从而获得绝对优势地位时，可根据取得的相对优势，通过宣传与众不同的特色，在某些方面的领先地位来取胜。

2. 蔬菜营销的价格策略

(1)折扣、折让　为了刺激蔬菜消费者的购买欲望，鼓励大量购买和旺季购买、提早付款，可以实行折扣和折让价格。

①现金折扣、赊销商品：蔬菜生产者或销售者为鼓励蔬菜购买者提前付款，常常按原价给予一定折扣。

②数量折扣:对蔬菜购买者大量购买给予优惠,购买量愈大,折扣率愈高。

③季节折扣:对蔬菜商品淡季购买者给予一定折扣。

④折让:折让是对蔬菜中间批发商提供的一种报酬。

(2)地区定价策略

①产地定价:蔬菜生产者或销售者负责将商品装运到产地的运输工具上交货,并承担此前的一切风险和费用,交货后一切风险和费用由蔬菜商品购买者承担,这种定价使远途蔬菜购买者承担了较高的运费,适宜蔬菜商品紧俏时使用。

②统一交货定价:没有地区差价,远近蔬菜购买者是一个价格,运费按平均运费计算,这种方法可争取远方蔬菜购买者,但却失掉了近处蔬菜购买者,可在打开销售渠道时采用。

③区域定价:把蔬菜销售分为两个或两个以上区域,每个区域定一个价格,在销售稳定的情况下常用。

④免收运费定价:由蔬菜生产者或销售商负担部分或全部运费,在急于打开某地蔬菜市场,或同某一大蔬菜购买者成交时使用这种策略,有助于增加销售额,使平均成本降低而补偿部分运费开支,这种策略可在货源充足时采用。

(3)心理定价策略

①非整数定价:蔬菜商品零售时采取零头结尾,特别是奇数结尾的形式,以吸引顾客,给消费者的心理信息是定价认真,一丝不苟,增加心理信任感。

②整数定价:对蔬菜商品定价时采用整数,以维护其在蔬菜购买者心理上已形成的声誉。

③声望定价:在市场上有声望的优质蔬菜商品或为了创出优质蔬菜商品的声望,可以制定较高的价格,既可以弥补提供蔬菜商品所花费的必要耗费,也有利于满足不同消费层次顾客的心理需要。

④单位标价：即在蔬菜商品包装或标签上除标明单价外，还写明一个标准单位的品种、质量、产地等，以便于消费者比较监督，也可获得消费者的信任。

（4）差别定价策略　根据蔬菜商品交易对象、交易时间、地点等不同定出不同价格，如，对老客户价格可比新客户定得低些，以鼓励其重复购买。在不同季节实行差别价格，淡季可适当高于旺季价格，旺季则应低于淡季价格，鼓励中间商、批发商均衡进货，淡季不淡。

3. 净菜配送的蔬菜营销策略　净菜是去除非可食部分、进行系列加工处理而得到的直接可以烹、炒、调食用的蔬菜的总称。净菜配送是根据消费者要求及营养需要进行荤素合理搭配并送货上门的一种服务。净菜配送营销服务包括以下三方面内容。

第一，净菜加工上市销售。净菜经选择、清洗，无菌包装直接出售。

第二，净菜配送服务。针对一日三餐，做到荤素搭配合理、品种齐全、原料新鲜、统一包装、香料佐料备齐。

第三，根据消费者的需要，净菜配送由肉、蛋、菜的配送，发展到多元配送，如主食、饮料、水果、其他生活用品等的配送。

4. 蔬菜营销的包装策略　为提高蔬菜的市场竞争力、增加经营者的利润，可以对蔬菜进行包装之后销售。科学、经济、牢固、美观、卫生、安全是蔬菜包装的要求。包装容器的形状大小、规格，甚至装潢、色彩，都需根据蔬菜种类、品种、市场需求、储运条件、流通环节、销售对象和地区等条件确定。如零售包装应小型化、透明化、组合化、多样化，追求轻、巧、美；对于供应超市的新、奇、特蔬菜，可以进行真空小包装并注明食用方法，使消费者一目了然；在重要节日期间，把四五种蔬菜配在一起，用精美的纸箱包起来；在需要长期储藏和长途运输时，包装单位一般以15～20千克为宜，一般不超过25千克，箱盒上留有孔洞和手洞，方便搬运，有利通风。鲜嫩多汁的蔬菜可采用少层装的扁形箱盒。

三、花卉营销

(一)花　卉

通俗地讲,“花”是植物的繁殖器官,是指姿态优美、色彩鲜艳、气味香馥的观赏植物,“卉”是草的总称。习惯上往往把有观赏价值的灌木和可以盆栽的小乔木统称为“花卉”。现代花卉是指花卉园林植物、花卉种苗、加工产品、相关配套产品、仿生艺术品、赏石、观赏鱼和可供工业、医药、食品、化妆品等作为原料的花卉植物、花卉园林景点以及住宅、庭院、阳台、居室、屋顶等绿化植物群。其中花卉园林植物是指可供人们观赏的花卉、园林植物,如鲜切花、盆花、盆景、草坪等;花卉种苗包括花卉的种球、种子、花苗、根、茎等用于繁殖花卉的材料;加工产品是以花卉园林植物为原料的艺术加工产品,如插花、根雕、竹刻、干花、藤柳、草编织品等;相关配套产品是用于花卉生产、经营的产品,如花土、花肥、花药、花器、保鲜剂、营养剂、上光剂及各种花卉机械、工具、温室及设施;仿生艺术品是仿生花及各种仿花艺术品;观赏鱼是包括鱼、热带鱼、宠物(狗、猫、鸟)等。如果没有特别说明,我们在这里所讲的花卉是指花卉植物。

(二)花卉供应情况

从20世纪90年代中期以来,我国花卉产业进入快速发展时期,全国花卉种植面积增长较快。1998年,全国花卉种植面积仅8.6万公顷;2004年达到63.6万公顷,年平均增幅41.38%。2009年我国花卉生产总面积83.4万公顷,我国已成为世界第一花卉生产大国。

江苏、河南、浙江、四川等苗木生产大省是我国花卉生产面积大户,2009年,江苏花卉种植面积仍居全国之首,达10.8万公顷。

我国花卉产品按产量排序,依次为观赏苗木、盆栽植物、切花切叶、食用工业用花、草坪、种子种苗种球花。总的来说，我国以传统的绿化苗木和工业用花为主，鲜切花的发展相对落后。

我国花卉种植面积在种植业中所占比重较小，但生产分布相对集中，花卉生产形成区域化布局如下。

鲜切花（含切花、切叶、切枝）种植面积排在前5位的依次为云南、广东、辽宁、四川和江苏，其中切花种植面积排在前5位的依次为云南、辽宁、广东、四川、江苏，切叶种植面积最大的为广东、江苏、浙江、四川和海南，切枝种植面积排在前5位的为广东、四川、重庆、陕西和辽宁；广东、四川、江苏、福建、河南是盆栽花卉生产大省，这5个省的盆栽花卉种植面积占全部总面积的55%左右；观赏苗木种植区域非常广泛，全国各地均有栽培其中种植面积上万公顷的就有11个省、直辖市，分别是江苏、河南、浙江、山东、安徽、四川、广东、江西、湖南、重庆和河北，它们的观赏苗木种植面积占全国总种植面积的86.5%；我国食用与药用花卉生产大省是四川、河南、山东和广西（资料来源：国家林业局网站，http://www.forestry.gov.cn）。

（三）花卉消费需求

近年来，我国花卉消费逐年增加，国内花卉市场急剧扩大，花卉逐步进入千家万户，鲜切花替代了点心成为走亲访友的高雅礼品。

1. 我国花卉消费特点 与其他国家相比，中国的人均花卉消费水平很低。据荷兰花卉协会统计数字，中国花卉消费金额每年仅有0.7欧元左右，仅为世界人均水平的1/10。

从消费分布上看，城市居民由于对精神生活的追求程度要普遍高于农村，对花卉的消费较多。花卉消费市场主要集中在广州、上海、北京、深圳等大中城市，农村花卉消费几乎为空白，中小城市的消费也相对较少。在大城市的消费中，以东南部沿海居民收入高的城市为主，花卉消费居于全国前列。

从消费时段来看，我国花卉消费主要集中在在元旦、春节、“五一”节、情人节、母亲节、教师节等节日，节日花卉消费火暴是我国花卉消费市场一个显著特征，而又以春节花卉消费为甚。而且，节日里越是高档的花卉往往越好销。

从消费用途看，消费礼品性突出，“买花的人不看花，看花的人不买花”是对我国花卉消费礼品性的形象描述。

2. 影响花卉消费的因素

(1)消费者的收入水平　在价格不变的情况下，收入水平提高将使消费者对一定价格下的某种商品的需求量增大。消费者对花卉的需求也遵循这样的规律。花卉产品作为一种商品其需求量也将随着人们的收入水平的逐步提高而增加。

(2)消费者的偏好　花卉属于精神消费品，而不同的人对于不同的种类、不同的色彩、不同的姿态韵味的花卉有着不同的偏好。同样的月季切花，有人喜欢红色、有人喜欢黄色；对于盆花，有人喜欢喜庆猩红的一品红，而有人对形态奇特的仙人掌类情有独钟。不同的民族、地区由于受传统文化的影响，对于花卉的喜好也不尽相同，在广东，柑橘、桃花非常畅销，北京人则喜爱节日气息浓郁的红色系列及大规格花卉产品，上海更青睐于造型小巧、色彩淡雅的花卉。

(3)花卉价格　花卉价格是影响花卉消费的重要因素。据调查，花卉价格下降 10%，大多数消费者并不能显著增加购花数量及次数；而价格下降 20%，能较大幅度地刺激个人花卉消费量的增加。

(4)文化习俗　花卉产品属精神消费品，文化习俗对其消费有着一定的影响。郁金香，在荷兰仅仅栽培了 400 多年，由于一开始荷兰人即十分重视对郁金香文化的宣传，赋予它勇敢、正义、胜利等含义及精神，“谁轻视郁金香，谁就是冒犯了上帝”、“没有郁金香，算不上真正的富有”等，郁金香文化极大地促进了郁金香的消费和需求。

(5)人口结构 人口结构也会对花卉的消费造成影响。随着近年城市化进程的加快,城市人口在不断增加,这在一定程度上会有利于花卉的消费总量的提高,随着城市人口数量的增长,花卉消费也会随之增长。

(四)花卉营销

1. 花卉业营销渠道 我国当前的花卉营销渠道见图 9-7。

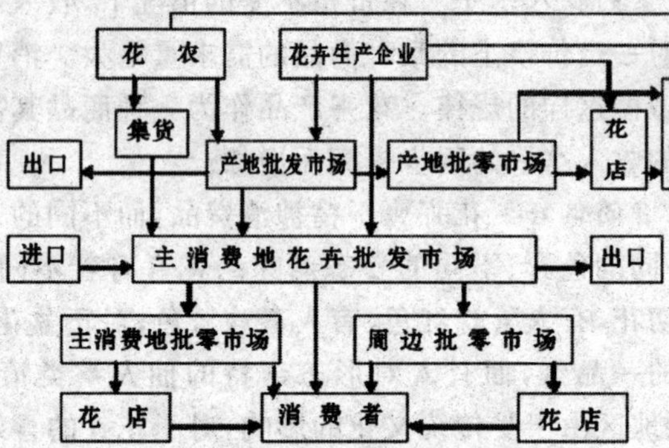

图 9-7 花卉营销渠道

2. 花卉营销策略与注意事项

在我国,花文化的普及尚为欠缺,故花卉产品的营销较一般生活用品更为不易。花文化宣传、消费观念宣传及促销手段的运用极为重要。花卉营销策略与水果、蔬菜营销策略相似,在此不再赘述。但是,在花卉营销中,有以下几点需要注意。

(1)具备市场观念 必须树立全面的市场观念,准确做出花卉产品的市场定位。要明确产品是否被市场所接受,是否被消费者所喜爱,必须进行市场研究,了解消费者的需求和爱好,以及随着社会经济、政治、文化和教育水平所发生的变化、潮流和趋势,认真分析花卉业发展现状、花卉行业的竞争强度、竞争对手的竞争地位及经营战略与策略。

(2)引导消费潮流　应注意研究花卉消费潜在需求、引导花卉消费。在充分满足消费者现实需求的同时，应善于通过市场研究分析、发现、挖掘、开发潜在需求，创造条件促成潜在需求向现实需求转化。这样不但能够扩大花卉消费市场，而且能够引领消费潮流，在竞争中获得主动地位和竞争优势。

(3)重视特色经营　花卉要十分重视特色经营，独特的店面设计和店内家庭式布置，品种齐全的国内外花材、叶材，与众不同的花艺风格，重视节日经营以及各种形式的服务。重视元旦、春节、情人节、圣诞节、母亲节、教师节等节日，同时开发七夕情人节、秘书节、护士节、父亲节、毕业节、记者节、男人节等有潜力的节日。

(4)分析顾客心理　花卉营销过程中，销售者要分析消费特点和用途，要观察顾客的消费心态、受教育程度、素质教养、生活方式及消费观念，介绍鲜花时，首先询问用途，再选式样，最后标出一个适当的价格。

(5)注重售后服务　一旦消费者购买花卉商品出现质量问题，一定要妥善处理，让顾客满意为止。服务贯穿于经营过程的始终，它直接关系到有无“回头客”，关系到市场占有率。售后服务主要体现在教会消费者养护、保鲜知识，经常性地访问客户，掌握其消费新要求、新动向，向有租摆业务的客户及时更换新鲜花。

第五节　油料作物产品营销

一、油料作物供给状况

据统计，油菜播种面积和产量均占油料作物总播种面积和总产量的1/3以上，播种面积不仅居我国油料作物之首，并且居世界各国之首。油菜的分布，春油菜主要产于燕山山脉以南，约占油菜播种面积的16%；冬油菜产于秦岭、淮河以南，约占油菜总播种面积的86%。特别是长江流域，包括长江三角洲、皖中沿江平原、两湖平原、江汉平原、汉中盆地、四川盆地、贵州中西部等最集中，播种面积占全国油菜总面积的72%，产量占全国85%，成为我国油菜最大产区。

花生是我国产量最多的油料作物，历年播种面积在200万公顷左右，产量占全国油料作物总产量的40%左右，居第一位。在世界各国中仅次于印度，居第二位。花生对热量要求较高，对土壤选择性不强，但以排水良好的沙质土壤为最宜。我国花生分布很广，除西藏、宁夏、内蒙古、东北北部等较寒冷地区外，全国各地都有种植。分布最集中的地区是环绕渤海的辽东半岛、辽西走廊、河北滦河下游及山东半岛一带。其中山东半岛的花生产量占全国花生总产量的1/3左右，是我国最大的花生生产基地和出口基地。其次是闽、粤、桂等丘陵和沿海地区，三省花生产量占全国1/4以上，为我国第二大花生生产及出口基地。

芝麻是我国第三大油料作物。其总产量曾长期保持世界冠军地位，被人们誉为“芝麻王国”。新中国成立以来，虽然芝麻生产有一定发展，但是由于它单产水平低，产量一直在30万～45万吨(600万～900万担)。我国芝麻主要产于河南、湖北、安徽、江西以及河北5省。其中河南省是我国芝麻种植面积和产量最多的省份。据统计，该省芝麻种植面积和产量常年占全国40%以上，主要集中产区有豫中南、豫西南和豫东黄河故道一带。湖北芝麻生产仅次于河南，是全国芝麻第二大生产省，主要产地集中在襄阳一带。安徽芝麻生产居全国第三位，怀远、凤阳是主要生产和集散中心。

其他油料作物还有向日葵、胡麻等，前者主要产于东北、西北、华北各地，后者分布于长城以北。

二、油料需求状况

油料产品是一种人们日常生活中必需的产品，其需求价格弹性、收入弹性相对较小，即油料产品价格下降，人们对它的需求也不会有很大的变化，同样即使人们收入有了很大的提高，人们对食用油、大豆制品、花生制品这些食品的需求也不会有很大的变化，这些都是因为人们对油料产品的消费量有限决定的。所以影响它需求的原因主要是消费者偏好、相关商品价格、人口（即市场的大小）等。

我国油料产品的消费主要分三大类，即食品类、油脂类和饼粕类。花生、芝麻、向日葵和大豆都是食品类加工的重要原料，直接作为食品或加工类食品的比重较大。各类豆制品和各种以花生、芝麻、向日葵为原料加工的休闲食品，消费面广、量大；油脂加工是油料消费的大头，由于近几年资本的投入和市场的需要，油脂加工企业增加，基本各个地区都有一个或多个油料加工厂，导致油料加工规模扩大，加工能力严重过剩，原料需求旺盛。随着我国人民生活水平的提高、餐饮业的兴旺和食品加工业的发展，人们对植物油的需求也不断增加。油籽饼粕是重要的蛋白质饲料原料，随着养殖业的发展和“疯牛病”的影响，肉骨粉等动物类蛋白质饲料需求下降，油籽饼粕特别是大豆粕需求量急剧增加。

中国油料产品市场供给与需求特点是：①我国主要油料产品中除了花生有出口外，大豆和油菜都需要大量进口才能满足国内需要，2009 年 10 月至 2010 年 9 月，中国大豆进口量达 4 400 万吨，占世界总进口量的 54%；②从三种主要油料产品的利用方式来看，大豆主要是用于榨油和食用，大豆的饲料利用方式、加工榨油方式、食物利用方式分别占其国内供应量的 5.6%、55.1%、33.6%，花生的加工榨油利用方式和食物利用方式的比例是 1.1∶1，即两种利用方式的使用量基本相等，油菜的最大利用方式是榨油，占到该种作物国内供应量的 77.7%；③我国油料产品精深加工这一部分还与世界有很大差距，表现为该种利用方式的油料产品使用量很低。

三、油料营销

(一)油料产品营销渠道

1. 批发市场营销渠道 农产品生产者→中介组织→一级批发商→次级批发商→零售商→消费者。

该种营销渠道是以大型的油料产地或销地批发市场为产品流转中介，通过这些油料作物批发市场来实现生产者与零售商的沟通，最终使油料产品到达消费者手中。该种营销渠道的结构见图 9-8 所示。

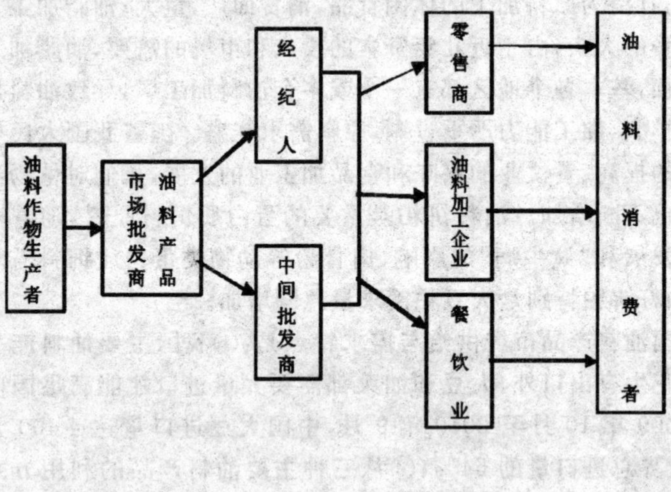

图 9-8 批发市场营销渠道结构图

资料来源：项文彪，江西农产品可操作性市场营销渠道模式探析，江西农业大学学报，2002(2)，笔者有修改

这种营销渠道的特点是：①批发市场的规模大，是油料产品重

要的集散地；②批发市场实行企业化管理，市场的投资主体多元化，市场的经营方针是为油料产品供应方提供优质服务，尽可能地吸纳更多的油料产品进入市场；③中心批发市场（一级批发市场）的市场主体是实力雄厚的油料产品供应商或购销企业；④次级批发商、连锁超市、小零售店是该营销渠道的重要出货渠道，必须有相应数量的次级批发商、连锁超市、小零售店来与大型批发市场配套。

该种营销渠道的优点是构建营销渠道成本低廉，易于组织产品进入市场。但是，其也有自身的缺点：①传统批发零售模式金字塔式渠道的多层次框架降低了渠道的效率，延误了产品到达消费者手中的时间；②生产方（产品供应方）对终端消费者的信息缺乏掌握，增加了产品的营销成本，同时，如果产品不能吸引消费者，还可能将一部分销售风险转移到分销商身上；③一级批发商或者产品供应者难以对产品终端销售质量及服务实行监控，不能保证不会因为次级批发商、连锁超市、小零售店的不良行为威胁到自身形象。

2. 企业主体营销渠道 农产品生产者→中介组织→农产品销售企业→零售商→消费者。

该种营销渠道是由有一定销售实力的产加销一体化的企业投资建设的渠道，如办事处、分公司等。该种营销渠道的结构见图9-9所示。

这种营销渠道的特点是：①工商企业及资本充当了重要的农产品流通中介角色；②营销渠道的建设对应着企业的发展目标；③要求油料产品销售企业善于与超市连锁店、小零售店、外地销售力量联合，实行整合营销；④油料产品销售企业的选址没有严格的限制，但由于需要较多的流动资金，最好选择在农产品销售数量多、便于融资的大中型城市。

该种营销渠道的优点在于：①企业成为开拓农产品国内外市

场的主要力量，有利于农产品的标准化、级别化、品牌化；②产加销一体化的企业成为营销渠道中的关键环节相对于批发市场中的产品供应商而言更具商业信誉，有利于降低产品的交易成本；③有利于产品销售信息及消费者对产品的反馈意见及时的传达到生产者或组织。缺点是：①渠道建设需要大量的流通资金，这不是一般企业所能具有的，所以该种营销模式具有资金瓶颈的限制；②产加销一体化企业要承担较大的市场风险，就我国目前情况而言，具有这种承受力的企业还不是很多。

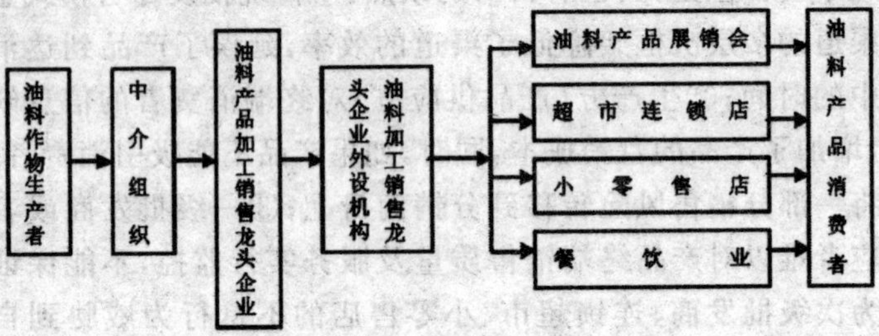

图 9-9　企业主体营销渠道结构图

3. 运销专业户或经纪人营销渠道　农产品生产者→运销专业户或经纪人→零售商或加工厂→消费者。

该种营销渠道由营销中介队伍构成，见图 9-10 所示。该种营销渠道的特点是：①营销环节相对简单，生产者和消费者之间的中间环节仅有运销专业户和经纪人；②营销环节并不稳定，运销专业户和经纪人都以赢利为目标，当市场行情不好时，他们的经营风险加大，可能导致他们退出营销渠道；③产品营销效率低下，大量的运销户和经纪人队伍相互竞争，有可能导致低价竞销，从而使渠道体系遭受重创，最终多败俱伤。

该营销渠道的优点是有利于降低生产者的经营风险，促进农

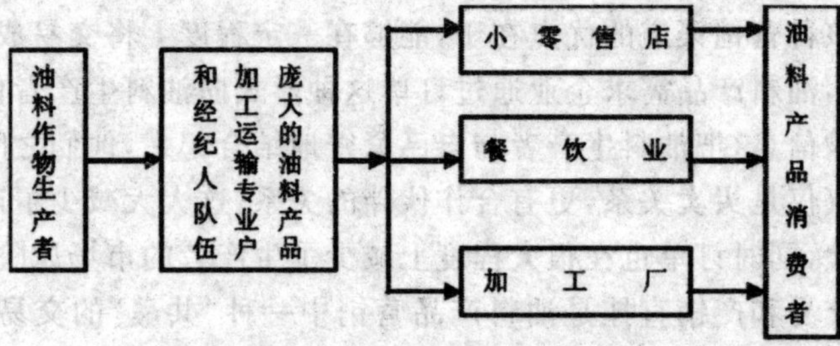

图 9-10　运销专业户或经纪人营销渠道结构图

产品流通。它的缺点也很明显，如不能设法增强这些运销专业户和经纪人队伍的组织化程度，价格混乱、各种不正当交易行为将充斥市场，会给油料产品流通带来毁灭性的打击。

4. 生产基地型营销渠道　产品生产基地→零售商或加工厂→消费者。

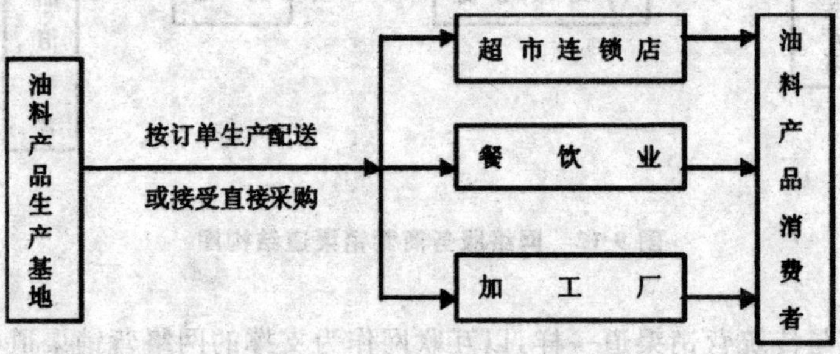

图 9-11　生产基地营销渠道结构图

生产基地型营销渠道结构见图 9-11，其特点是：①营销渠道短，产品的流动速度快，油料产品的生产者和终端消费者是面对面的进行交易，不存在产品的转手流通；②交易中加工企业和餐饮业等大规模采购方处于主动地位，这是因为油料产品的供方数量要比需求方数量大得多。

该种营销渠道的优点在于，能够在一定程度上将交易成本“内部化”，油料产品需求企业通过订单这种形式向油料生产者传达市场需求信息，把油料生产者与自己紧密地结合起来，他们之间的关系不仅仅是买卖关系，更有合作伙伴的关系，这大大减少了产品供应风险，同时订单也在很大程度上减少了生产者的市场风险，所以订单交易和产销直挂是油料产品营销中一种“共赢”的交易方式，一方面需求企业获得了多品种、标准化的产品，另一方面生产者获得较丰厚的利益回报。

5. 网络服务商营销渠道 油料作物生产者→电子网络中间商→消费者。

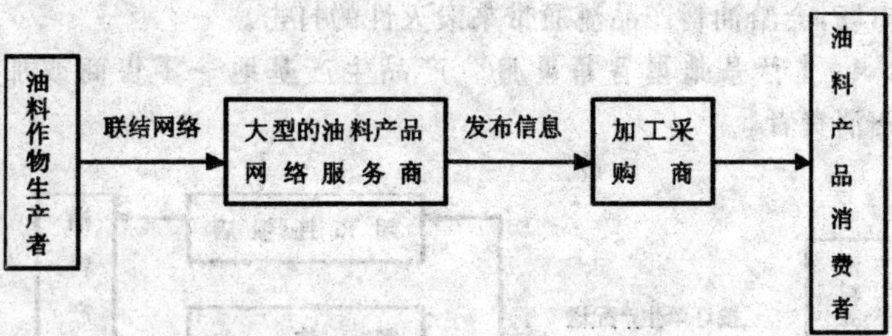

图 9-12 网络服务商营销渠道结构图

与传统营销渠道一样，以互联网作为支撑的网络营销渠道(图9-12)也应具备传统营销渠道的功能。网上销售渠道就是借助互联网将产品从生产者转移到消费者的中间环节。网络营销渠道与传统营销渠道既有区别又有联系。传统的渠道主要是指代理分销制，传统渠道的理念中，生产者、代理商与分销商之间的关系常常不外乎两种，买卖关系和合作伙伴关系。第一种关系比较简单，只是单纯的交易行为，双方责、权、利约束性不强；第二种合作伙伴关系更进一步，但许多情况下，都是不稳固的联盟关系，而且双方的关系是松散型的，缺乏一致的目标和利益。而网络营销渠道虽然也是一种代理分销，但此时的生产者与网络中间商之间并不存在商品买卖关系，生产者与网络中间商是一种新型的合作关系，生产者向网络中间商提供自己的生产信息，网络中间商为生产者提供油料产品的信息发布和消息反馈的服务，依靠交易提成来获得利润，所以在网络营销渠道中生产者与网络中间商的关系是稳定、紧密的。传统的分销渠道由参加商品流通过程的各种类型的机构组成，而网络营销渠道的中介模式是电子交易市场。电子交易市场由在线中间商组成，完全承担起为买卖双方收集信息的作用；同时也利用其在各地的分支机构，承担起批发商和零售商的作用。网络营销渠道的出现使得油料产品由生产者转移到最终消费者的流通过程中，仅要转移一次商品的所有权，即生产者→中间商→消费者。人们一般认为，网上销售就是直销，这种观点有失偏颇，网络虽然缩短了人们的沟通距离，但并没有缩短人们与商品的物理距离，开展电子商务后，虽然服务方式、方法发生了改变，但中间渠道的产品配送作用还是必要的，只是此时的中间商与传统的中间商相比，其服务内容有了很大的变化。

目前国内一般认为一个完善的网上销售渠道应有三大功能：订货功能、结算功能和配送功能。订货系统要能为消费者提供产品信息，同时要便于厂家获得消费者的需求信息，以求达到供求平衡。一个完善的订货系统可以最大限度地降低库存，减少销售费用。结算系统是指消费者购买商品后，可以运用多种方式进行付款。目前国内付款结算方式有：信用卡、邮局汇款、货到付款等。物流配送系统是指计划、执行与控制原材料和最终产品从产地到使用地点的实际流程，并在盈利的基础上满足顾客的需求。

网络营销的优点在于，它信息透明，消费者和产品供应者直接进行交易，极大地降低了交易成本，提高了营销的效率。但是它需要相应的配送、仓储条件为支撑，否则网络营销就只能是空中楼阁，发挥不了产品流通的实际作用。

(二)油料企业营销策略

油料营销包括油料产品从加工企业到消费者过程中所进行的所有营销活动。一般企业会采用很多心理学方面的策略来运作产品营销活动。目前，全国小包装食用油市场上的大小品牌有400～500个之多。主要分为三大区域，一是以北方的渤海湾地区为主，主要加工大豆；第二大区域是以长江流域为主的地区，主要加工菜籽；还有一大区域是以华南为代表的地区，主要加工进口大豆。

1. 整合营销策略 整合营销是指企业或品牌通过发展与协调战略传播活动，借助各种媒介与其他接触方式与员工、顾客、利益相关者以及普通公众建立建设性关系，从而建立和加强互利关系的过程。整合营销包括营销战略与活动的整合、信息与服务的整合、渠道的整合、产品与服务的整合。整合营销传播的目的在于，使公司所有的营销活动在市场上针对不同的消费者进行"一对一"传播，形成一个总体的、综合的印象和情感认同。整合营销的优势在于，它产生协同作用，即组织中的各个元素配合协调，彼此增强对方的作用。

2. 观念营销策略 随着经济的快速发展和人们生活水平的提高，一方面人们对对食用油的需求越来越挑剔，消费者对食用油的选择由仅仅关心"有没有油"而不关心"有什么油"的观念，转而开始关心食用油的原料类型、加工工艺、卫生条件、纯净程度等，这造就了越分越细的市场；另一方面现代市场经济的发展，企业无孔不入，占领了人们所有的生活空间。对于每一个欲在市场中寻求发展机遇的企业来说，适宜生存、成长的市场空间显得越来越狭窄，寻找细分市场难度日益加大。企业为了生存、发展并在激烈的市场竞争中取得主动权，一种全新的市场营销——观念营销便相应而生。观念营销是指企业在提供产品和服务的同时或之前，设计出一种基于产品和服务的价值观念或社会观念，通过推广这种观念，使消费者的观念得到更新并产生对产品和服务的认同进而进行消费的过程。

3. 文化营销策略　文化营销是基于文化与营销的契合点，有意识地通过发现、甄别、培养或创造某种核心价值观念来达成企业经营目标（经济的、社会的、环境的）的一种营销方式。文化营销以消费者为中心，但是它强调物质需要背后的文化内涵，把文化观念融会到营销活动的全过程，是文化与营销的一种互动与交融。一家生产企业，要想在竞争激烈的商海之中乘风破浪，必须抓好产品质量，但是，仅仅有质量并不是企业营销的全部，产品在过硬质量的基础上还要有品牌，只有如此企业才能在激烈的市场竞争中做大做强，这就是"酒好也怕巷子深"的道理。如果说生产出质量过硬、适销对路的产品是生存之本的话，那么创造出一个家喻户晓、妇孺皆知的名牌产品就成了企业迈向成功的发展之路。那么如何创造品牌呢？营销理论认为，积淀于消费者心目中的文化信念和价值观念对品牌的形成起到了关键性的作用。

4. 差异化营销策略　差异化营销策略是指反映产品定位不同的营销策略，具体有产品差别化策略、服务差别化策略、人员差别化策略、形象差别化策略。在差异化营销方面，莱阳鲁花公司不失为典型。

在鲁花推出花生油的时候，生产金龙鱼的嘉里粮油，长期以来已在食用油这一行业占据了绝对领先的地位。鲁花花生油到底利用概念差异，实施差异化营销开拓了市场份额。

1998 年，随着铺天盖地的广告，"鲁花花生油引发中国食用油革命"这一概念迅速传播，独特的广告宣传策略几乎使鲁花一夜蹿红，不长时间，鲁花一举跃上全国十大食用油明星阵营。在靠资本说话的食用油行业，鲁花的实力并不突出，鲁花的成功源于通过广告打出两张成功的"概念牌"：一是宣称"食用油革命"，二是首创

"特香"概念。国家标准的花生油只有3种级别，分为一级油、二级油和浓香。国内外吃花生油都有多年的历史，我国对于花生油的生产和检验有着完善的执行标准。由于花生油容易霉变，因此黄曲霉毒是花生油的最大问题。鲁花的"革命"自称"弥补了中国食用油缺憾"，但"革命"后的质疑也接踵而来，如不能提供真正的革命性突破的"答案"，那么我们以前吃的花生油是否都不叫花生油？企业宣传"特香"无可非议，但"浓香"才是花生油的最高级别。全国有数十家企业生产花生油，最早和最大的企业都不是鲁花，鲁花以自已的一级花生油创造了"特香"的概念，使得企业的宣传产生效果，"特香"概念使它比"浓香"更受欢迎，显然是打了"特香油好过浓香油"概念的擦边球所致。

当然"鲁花"也确实在塑造自身差异化优势，如鲁花花生油在制作工艺上达到了国际先进水平，在市场上与其内在品质相同的产品为数极少。鲁花一直采用物理机械压榨生产工艺，其原理是靠巨大的压力让油脂从花生中分离出来，不使用化学方法的工艺确保产品的原汁原味、安全、卫生、无污染，这种生产工艺与色拉油的浸出精炼工艺相比较，成本要高出几倍。同时它在市场竞争中不参与价格战，总是保持较高的价位，从而实现了它占领高档食用油市场的真正用意，获得了巨大的销售利润。

当今世界，随着市场竞争的日益加剧、市场营销理论在不断的发展，方法也在不断创新。油料产品营销方式已不仅仅局限于价格促销、广告和营业推广等形式，必须引入一些新的方法和手段，如品牌营销、形象营销、服务营销、文化营销、概念营销、网络营销等。不同企业营销方式采用何种手段，必须随着市场的变化而变化，随着人民生活的变化而变化，并体现超前性、针对性、趋向性和融合性。

第六节　烟草营销

一、烟草的分类及特点

(一)烟草分类

1. 按烟花的颜色分　按烟花颜色烟草可分为红花烟草、黄花烟草。黄花烟草气味辛辣，刺激性强，产量低，红花烟草气味平和，产量高。

2. 按烟草的用途及调制方法分　按烟草的用途及调制方法，国际上将烟草分为烤烟、晒烟、晾烟、烟熏烟 4 类，我国分为烤烟、晒烟、白肋烟、香料烟、雪茄包叶烟、黄花烟 6 类。晒烟是利用阳光照射而制成的烟草叶片，按其生物学特性可分为黄花烟、香料烟、地方烟、红烟和晾黄烟。晾烟是在阴冷通风场所晾制而成的烟草叶片，依生物学特性分为白肋烟、马里兰烟、雪茄烟和地方晾烟。

3. 按产品性能和消费分　烟草按产品性能和消费分为烟叶、卷烟。

(二)烟草产品的特点

1. 适应性强　烟草是一种生长适应性强，但对环境反应又十分敏感的经济作物产品。不同的气候条件、土壤类型、肥料施用环境，对烟草的化学成分、形态特征、产量和质量都有着不同的影响。

2. 产品技术含量高　烟草的栽培过程复杂，对栽培技术要求较高。烟草从苗床期、大田期直到收获后的调制和烘烤，都有一定的技术要求，且对劳动力的数量需求较大，是一种劳动密集型技术的农产品。

3. 加工工序复杂　烟草作为吸燃材料主要用于满足消费者的吸嗜，加工工序多并比其他农产品生产更为复杂，从收获到加工成卷烟，需要经过烘烤、发酵、选叶、配方、切丝、加香料、卷烟、包装等多种程序。

4. 应用价值大 烟草除作为一种燃吸材料外，还可以用烟草或烟草细胞培养生产高价值的药品、化学品、食品。烟草内含有丰富的植物资源且易于繁殖。在未成熟的烟草中含有大量的蛋白质，其数量和质量均超过大豆，从烟叶中提取的蛋白质结晶加水搅拌后可变成鸡蛋清一样的胶体，制成各种精美食品；同时，烟叶中氨基酸的比例接近人奶中氨基酸的比例，其中的苹果酸、柠檬酸可作天然饮料的添加剂；另外，烟草可用来固定氮、提高光合效率以及作为污染物指示剂。

二、烟草产品供应状况

世界上大约有 120 多个国家或地区种植烟草，主要生产国家有中国、美国、巴西、印度、津巴布韦等。

中国烟叶种植以烤烟型为主，播种面积和产量均占全国总量的 90%以上，烤烟种植面积和总产量居世界第一位。近几年我国烟草产品种植面积数据见表 9-5 和表 9-6。

表 9-5 2000—2009 年我国烟草产品种植面积 （单位：万公顷）

年　份	烟　叶	烤　烟
2000	255.2	223.8
2001	235.0	204.5
2002	244.7	213.5
2003	225.7	201.5
2004	240.6	216.3
2005	268.3	243.5
2006	245.6	225.5
2007	239.5	217.8
2008	283.8	262.3
2009	20.44	18.76

表 9-6　2009 年我国主要烟草种植省份种植面积

（单位：万公顷）

省　份	烟　叶	烤　烟
云南	6.11	5.87
贵州	2.60	2.46
河南	1.98	1.98
四川	1.73	1.40
湖南	1.45	1.40
湖北	1.01	0.73

三、烟草消费的现状

全世界的烟民大约有 10.5 亿人，占世界人口的 15%。消费量最大的地区为美国、日本、德国、英国、法国和中国。中国烟草消费数量为世界十大卷烟市场之首。2009 年我国吸烟人口约为 3.5 亿人，卷烟消费总量约 37 644 万箱。

烟草属于日常性嗜好品，需求弹性具有刚性，因此，随着我国经济的发展和居民收入水平的提高，以及消费者对健康的关注，尽管烟民人口不断增加，但对烟草市场需求量基本保持不变，消费变化较大的是烟草的结构，高档卷烟的消费量增加，低档卷烟的消费量不断减少是消费需求的总的变化趋势，总体是对白肋烟、香料烟和混合型卷烟等吸味性、安全性较高的烟草需求量增加较快。

与其他农产品相比，烟草产品的消费有本身的特点。

（一）烟草是一种矛盾的消费品

消费卷烟不仅对本人有害，也会对被动吸烟者的身体健康造成负面影响。尤其是劣质烟草的消费更易诱发多种疫病，如青少年吸烟已患抑郁症，孕妇吸烟易引发畸形或弱智婴儿。

(二)烟草消费群体主要是成年人和男性

卫生部第四次国家卫生服务调查结果显示，我国烟民中，15岁及以上人口男性吸烟率为48%，女性吸烟率为2.6%。最近发展趋势是，吸烟者数目与学历和知识水平成反比，高学历、高级知识分子中抽烟人数比例不断下降。吸烟与收入水平呈反相关关系，收入越低的阶层烟民越多。

(三)烟草消费水平不断提高，消费层次化明显加强

随着人们收入水平的不断提高，人们对烟草的消费水平也在提高，这是因为消费者已认识到高质量的卷烟的有毒害物质的含量相对较低，对人体的危害性较小，且味道、可吸性也要好；同时由于人们收入差距的不断扩大，消费群体的层次性结构变化也是非常明显的。

(四)烟草是高税率的消费品

我国对烟草的纳税率除了正常的增值税17%(烟叶收购是13%)以外，就是消费税，税率分别是：甲类卷烟45%、乙类卷烟40%、雪茄烟40%、烟丝30%。

四、中国烟草营销渠道

目前我国烟草产品营销采用的仍然是传统渠道模式(图9-13)。

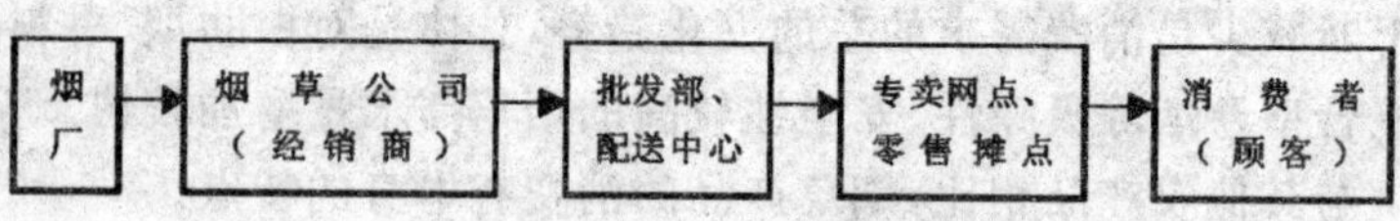

图9-13 我国烟草产品营销渠道

五、政府对烟草产品营销的管理

(一)烟草产品专卖管理

20世纪80年代我国就建立了烟草专卖制度,并于1991年6月29日颁布《烟草专卖法》,1997年7月3日颁布《烟草专卖法实施条例》(以下简称《条例》)。《条例》第二条规定,烟草专卖是指国家对烟草专卖品的生产、销售和进出口业务实行垄断经营、统一管理的制度。第三条界定了烟草专卖品中的烟丝是指用烟叶、复烤烟叶、烟草薄片为原料加工制成的丝、末、粒状商品。第五条规定国家对卷烟、雪茄烟焦油含量和用于卷烟、雪茄烟的主要添加剂实行控制。要求烟草制品生产企业不得违反国家有关规定使用有害添加剂和色素。第六条对从事烟草专卖品的生产、批发、零售业务,以及经营烟草专卖进出口业务和经营外国烟草制品购销业务规定了许可证制度,要求必须依照《烟草专卖法》,申请领取烟草专卖许可证:①烟草专卖生产企业许可证;②烟草专卖批发企业许可证;③烟草专卖零售许可证;④特种烟草专卖经营企业许可证。

(二)烟草产品的生产管理

1. 烟叶生产与加工　《条例》规定了取得烟草专卖生产企业许可证的条件:①有与生产烟草专卖品相适应的资金;②有生产烟草专卖品所需要的技术、设备条件;③符合国家烟草行业的产业政策要求;④国务院烟草专卖行政部门规定的其他条件。

设立烟草制品生产企业,应当由省级烟草专卖行政主管部门报经国务院烟草专卖行政主管部门批准,取得烟草专卖生产企业许可证,并经工商行政部门核准登记。烟草制品生产企业必须严格执行国家下达的生产计划。

《条例》规定禁止使用霉烂烟叶生产卷烟、雪茄烟和烟丝。

《条例》规定卷烟、雪茄烟和有包装的烟丝,应当使用注册商标;申请注册商标,应当持国务院烟草专卖行政主管部门的批准文件，依法申请注册。

2. 烟草产品的销售管理 《条例》规定了取得烟草专卖批发企业许可证的条件：①有与经营烟草制品批发业务相适应的资金；②有固定的经营场所和必要的专业人员；③符合烟草专卖批发企业合理布局的要求；④国务院烟草专卖行政主管部门规定的其他条件。

《条例》规定了取得烟草专卖零售许可证的条件：①有与经营烟草制品零售业务相适应的资金；②有固定的经营场所；③符合烟草制品零售点合理布局的要求；④国务院烟草专卖行政主管部门规定的其他条件。

《条例》还规定取得烟草专卖批发企业许可证的企业，应当在许可证规定的经营范围和地域范围内，从事烟草制品批发业务。取得烟草专卖批发企业，应当在当地的烟草专卖批发企业进货，并接受烟草专卖许可证发证机关的监督管理。无烟草专卖批发企业许可证的单位或者个人，一次销售卷烟、雪茄烟 50 条以上的，视为无烟草专卖批发企业许可证从事烟草制品批发业务。

任何单位或者个人不得销售非法生产的烟草制品。烟草专卖生产企业和烟草专卖批发企业，不得向无烟草专卖零售许可证的单位或者个人提供烟草制品。在中国境内销售的卷烟、雪茄烟，应当在小包、条包上标注焦油含量级和“吸烟有害健康”的中文字样。

参考文献

[1] 李崇光．农产品营销学(第二版).[M]. 北京:高等教育出版社,2010.

[2] 我国稻谷生产状况．道通期货网站,http://www. do-to-futures. com.

[3] 农业生产:全国秋冬种结束,冬小麦种植面积 3.4 亿亩和讯期货网,http://futures. hexun. com.

[4] 农业部:2010 年中国小麦总产量将超过 1.15 亿吨．第一食品网,http://www. foods1. com.

[5] 2009—2010 年中国大豆小麦玉米行业分析报告．中国融资资讯网,http://www. financinginfo. com. cn.

[6] 2010 年中国玉米种植面积 3 000 万公顷．黑龙江农业信息网,http://www. hljagri. gov. cn.

[7] 国内 2010 年玉米产量增 8%至 1.77 亿吨．黑龙江农业信息网,http://www. hljagri. gov. cn.

[8] 2010 年国内稻谷消费量预计为 3730 亿斤．中国种植技术网,http://zz. ag365. com.

[9] 四部门印发执行粮油质量国家标准有关问题的规定．中华人民共和国中央人民政府网站,http://www. gov. cn/.

[10] 我国棉纺织出口产品结构改变国际竞争力增强．昆仑网,http://www. xjkunlun. cn.

[11] 批发网, http://www. 3158. com /base/20090901/20090901154739175 58. shtml.

[12] 棉花期货市场介绍．中国网,http://www. china. com. cn/

[13] 中国统计年鉴．中国统计局网站，http://www. stats. gov. cn/

[14] 全国花卉产业继续稳健发展——2009 年全国花卉统计数据分析．国家林业局网站，http://www. forestry. gov. cn/portal/main/s/2615/content-438857. html.

[15] 项文彪．江西农产品可操作性市场营销渠道模式探析．江西农业大学学报，2002(2).